Kauderwelsch

Band 26

Der
Reise Know-How Verlag Peter Rump GmbH
ist Mitglied der Verlagsgruppe

Kauderwelsch

Malaiisch Wort für Wort

Martin Lutterjohann

Kauderwelsch Band 26
Malaiisch - Wort für Wort
von Martin Lutterjohann

Reise Know-How Verlag Peter Rump GmbH
Osnabrücker Str. 79
D-33649 Bielefeld

4. Auflage 2000
ISBN 3-89416-047-0

Bearbeitung: Peter Rump

Gestaltung: Michael Blümke

Fotos: Martin Lutterjohann

Druck & Bindung: Fuldaer Verlagsagentur, Fulda

Dieses Buch ist in jeder Buchhandlung der BRD, Österreichs, der Benelux und der Schweiz erhältlich. Bitte informieren Sie Ihren Buchhändler über folgende Bezugsadressen:
BRD: Prolit GmbH, Postfach 9, D-35461 Fernwald (Annerod)
Schweiz: AVA-buch 2000, Postfach, CH-8910 Affoltern
Österreich: Mohr Morawa GmbH, Sulzengasse 2, A-1060 Wien
Niederlande: Assimil Benelux, 5-7 Rue des Pierres, B-1000 Bruxelles

Wer im Laden kein Glück hat, bekommt unsere Bücher auch direkt beim
Rump Direktversand, Heidekampstr. 18, D-49809 Lingen
oder auf unserem Internetshop **www.reise-know-how.de**

Zu diesem Buch ist eine **Tonband-Kassette** erschienen. Näheres dazu steht auf Seite 62.

Der Verlag will die Kauderwelsch-Reihe ausbauen und **sucht Autoren** für interessante neue Sprachen oder Dialekte. Welche Sprachen beherrschen Sie?

Inhalt

Kauderwelsch-Sprechführer sind anders!

Warum? Weil sie Sie in die Lage versetzen, wirklich zu sprechen und die Leute zu verstehen.

Wie wird das gemacht? Abgesehen von dem, was jedes Sprachbuch bietet, nämlich Vokabeln, Beispielsätze etc., zeichnen sich die Bände der Kauderwelsch-Reihe durch folgende Besonderheiten aus.

Die **Grammatik** wird in einfacher Sprache so weit erklärt, daß es möglich wird, ohne viel Paukerei mit dem Sprechen zu beginnen, wenn auch nicht gerade druckreif.

Alle Beispielsätze werden doppelt ins Deutsche übertragen: zum einen **Wort-für-Wort,** zum anderen in "ordentliches" Hochdeutsch. So wird das fremde Sprachsystem sehr gut durchschaubar. Denn in einer fremden Sprache unterscheiden sich z. B. Satzbau und Ausdrucksweise recht stark vom Deutschen. Ohne diese Übersetzungsart ist es so gut wie unmöglich, schnell einzelne Wörter in einem Satz auszutauschen.

Die **Autorinnen** und **Autoren** der Reihe sind Globetrotter, die die Sprache im Land selbst gelernt haben. Sie wissen daher genau, wie und was die einfachen Leute auf der Straße sprechen. Deren Ausdrucksweise ist nämlich häufig viel einfacher und direkter als z. B. die Sprache der Literatur.

Besonders wichtig sind im Reiseland die **Körpersprache, Gesten, Zeichen und Verhaltensregeln,** ohne die auch Sprachkundige kaum mit Menschen in guten Kontakt kommen. In allen Bänden der Reihe wird darum besonders auf diese Art der nonverbalen Kommunikation eingegangen.

Kauderwelsch-Sprachführer sind keine Lehrbücher, aber viel mehr als Sprachführer! Wenn Sie ein wenig Zeit investieren und einige Vokabeln lernen, werden Sie mit ihrer Hilfe in kürzester Zeit Informationen bekommen und Erfahrungen machen, die "taubstummen" Reisenden verborgen bleiben.

Einleitung

Seit einem Dutzend Jahren liegt bereits der Kauderwelsch-Sprechführer **Indonesisch** vor und erfreut sich nach wie vor großer Beliebtheit. Wozu also ein Sprechführer **Malaiisch**: sind nicht **Bahasa Indonesia**, wie Indonesisch offiziell genannt wird, und **Bahasa Malaysia**, die Nationalsprache Malaysias, dieselben Sprachen? Ja und nein! Beide basieren auf dem **Johore-Riau-Dialekt** des Malaiischen, der bereits seit Jahrhunderten zwischen den Seefahrern vieler Nationen und den Küstenbewohnern des "malaiischen" Archipels nicht zuletzt wegen seiner unkomplizierten Grammatik zur Verständigung untereinander verwendet wurde.

Kein Wunder also, daß sich daraus die immer differenzierter werdenden Nationalsprachen der vier **ASEAN-Staaten Indonesien, Malaysia, Brunei** und **Singapur** (ja, auch dort) ableiteten. Aber wenn auch **Bahasa Indonesia** und **Bahasa Malaysia (bahasa** = Sprache) praktisch dieselbe Grammatik und den weitaus größten Teil des Wortschatzes gemeinsam haben, gibt es doch manche Unterschiede. Eine Sprache ist wie ein lebendiges Gebilde, das sich fortwährend ändert und anpaßt. Indonesien und Malaysia sind zwei sehr verschiedene Länder. Sie haben eine unterschiedliche Vergangenheit und Gegenwart. Denken wir nur daran, wie sehr sich Deutsch im Westen und Osten, Norden und Süden unterscheiden. In Österreich weist der Wortschatz Hunderte von Abweichungen auf, vom Schweizerdeutsch wollen wir gar nicht erst reden.

Die Hauptunterschiede liegen also im Wortschatz. Malaysia war britische Kolonie, Indonesien niederländische. Dies spiegelt sich im Wortschatz deutlich wieder. Uns macht das wenig aus, denn wir werden sowohl mit den aus dem Englischen wie jenen aus dem Holländischen stammenden Lehnwörtern zurechtkommen. (Aber Achtung: die Schreibweise hat in beiden Varianten nichts mit der originalen zu tun, sondern schreibt sich, wie man es auf Malaiisch spricht!)

Es spricht also doch einiges für einen Malaiisch-Sprachführer. Indonesien und Malaysia sind zwei junge Nationen, in denen die Regierungen noch vieles tun, um das Nationalgefühl zu verstärken, das wir in Europa schon abbauen. Malaysier sind sicher nicht begeistert, wenn man ihre Sprache mittels eines Sprachführers "Indonesisch" lernt, ebensowenig wie Indonesier einen Sprachführer für **Bahasa Malaysia** wirklich akzeptieren würden. Deren Sprache - sagen sie - ist nicht unser **Bahasa Indonesia** sondern **Bahasa Melayu** bzw. **Malaysia** (= Malaiisch). Noch etwas kommt hinzu: die Sprechführer der Kauderwelschreihe vermitteln ja nicht nur Sprache, sondern nebenher auch vieles über Land und Leute. Und da sind die Unterschiede noch größer als in der Sprache. Daher also der Sprechführer "Malaiisch" oder "**Bahasa Malaysia**".

Zur Sprache

Malaiisch gehört zur **austronesischen** Sprachgruppe, die ungeheuer weit verbreitet ist: von Madagaskar(!) über den Malaiischen Archipel (Malaiisch, Javanisch, Tagalog, etc.), Melanesien (incl. Mikronesien, Papua, Tasmanien, die Sprache der Aborigines in Australien) und Polynesien (z.B. Tahitisch, Hawaiianisch, Maori). Allen diesen Sprachen gemeinsam ist eine einfache Grammatik, ein unkompliziertes vokalreiches Klangsystem, in der Regel zweisilbige Wörter u. a .

Malaiisch hat innerhalb dieser Sprachgruppe dank Indonesien die meisten Sprecher (insgesamt wohl rund 150 Millionen), womit es eine der am häufigsten gesprochenen Sprachen der Welt ist und - freuen Sie sich - die am leichtesten zu erlernende unter den Weltsprachen. Gesprochen und verstanden wird Malaiisch auf der ganzen malaiischen Halbinsel, d.h. auch in Südthailand, in ganz Indonesien, natürlich in Sabah und Sarawak, Brunei, früher auch in Südchina.

Unter dem Einfluß des Islam wurde Malaiisch spätestens ab dem 15. Jahrhundert mit arabischer Schrift geschrieben. Diese Schreibweise heißt **Jawi** und wurde in unserem Jahrhundert durch die besser geeignete lateinische Schrift (**Rumi**) abgelöst, ist aber noch nicht verschwunden. Im Gegenteil, in Malaysia, dessen offizielle Religion ja der Islam ist, erlebt es eine Renaissance. **Jawi** ist heute sogar presenter als noch vor einem Dutzend Jahren. In der Schule ist es Pflichtfach. Es gibt auch noch ein paar in **Jawi** geschriebene Zeitungen. Die lateinische Schreibweise hat sich im Verlauf der Jahre geändert: in Malaysia neigte man der englischen Schreibweise zu, in Indonesien der holländischen, was sich besonders bei den Vokalen (Selbstlauten) zeigt. Heute haben sich beide Schreibweisen einander stark angenähert.

In Malaysia heißt es jetzt **bahasa baku** (**baku** = echt, anerkannt): So sprechen, wie man es schreibt. Man kann auch sagen: So schreiben, wie man es spricht. Es gibt ein ganzes Bündel neuer Rechtschreibregeln. Wundern Sie sich nicht, wenn Sie unterwegs zwei und mehr Schreibweisen desselben Wortes finden: z.B. Bahnhof = **stesen**, aber auch **setesen** (zwei Konsonanten werden oft durch einen Vokal getrennt aber zusammen gesprochen), **stesyen**, selten vielleicht noch **steshen**.

Da Malaiisch vor allem auch die Sprache der Seefahrer, Händler, Marktleute war, ist es prosaischer als etwa Javanisch, das eine hoch entwickelte Literatur aufweist. Gut entwickelt ist im Malaiischen dagegen die Rhetorik. In der Tat, Malaien sind häufig gute Redner. Sie werden es bestätigt finden. Es gibt natürlich örtliche Dialekte, die aber nicht solche Unterschiede aufweisen wie etwa die deutschen. Da Indonesier **Bahasa** zum großen Teil als zweite Sprache erlernen, wird es trotz der riesigen Ausdehnung des Archipels einheitlicher gesprochen als das Malaiisch in Malaysia, wo es für die Malaien ja die Muttersprache ist. Das indonesische **Bahasa** ist melodiöser, fließender, weniger schnell, das "r" stärker gerollt. Malaiisch in West-Malaysia (in **Sabah** und **Sarawak** klingt es eher wie Indonesich) wird schneller, abgehackter gesprochen, wobei sich die Stimme nach den einzelnen Satzteilen oft hebt.

Seit Malaiisch zur Nationalsprache **bahasa kebangsaan** (**bangsa** = Rasse, **kebangsaan** = national) erklärt wurde, hat es natürlich eine Riesenmenge an neuen Wörtern bilden müssen. Englisch liefert immer noch den Löwenanteil technischer Begriffe. Erst beim Laut-Lesen merkt man oft die Herkunft, das Schriftbild hat sich total verändert. Wenn möglich bemüht man aber auch die eigene Sprache. Die Anpassungsfähigkeit des Malaiischen ist eine der Stärken der Sprache.

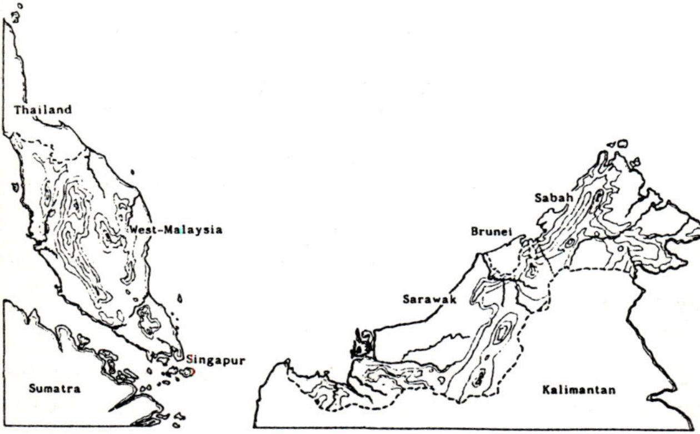

Aussprache und Betonung

Malaiisch lälit sich für uns leicht aussprechen. Es gibt keinen uns unbekannten Laut, lediglich ein paar kleine Abweichungen.

Vokale

Es gibt 5 Vokale: **a, e, i, o, u.**

A:	mittellang, am Ende eines Wortes in Malaysia als stumpfes *E* gesprochen: **Saya** (= ich) wird zu **say*e*** wie im Wort *Schale*; **apa** (= was); **nama** (= Name); **jalan** (= Straße, Weg)
E:	teils halboffen und mittellang (gilt dann als hartes *E*) wie in *rechts*, teils stumpf und kurz (weiches *E*), zwischen zwei Konsonanten meist verschluckt (gilt dann als weich), ein Beispiel für beide *E* ist *essen*: **empat** (= 4); **peta** (= Land/-Karte)
I:	mittellang wie in *mit*: **kita** (= wir); **sakit** (= krank, verletzt)
O:	mittellang und mitteloffen, etwa zwischen *oft* und *Note*: **boleh** (= können); **kota** (=Stadt, Festung)
U:	mittellang wie in *Buch, muß*: **buku** (= Buch), **bulan** (= Mond, Monat)

Doppellaute

Es gibt drei: **ai, au, oi**, die wie im Deutschen gesprochen werden: **pantai** (= Strand); **pulau** (= Insel), **amboi** (= Ausruf des Erstaunens).

Konsonanten

Es gibt offiziell 24 Konsonanten, von denen 5 Kombinationen sind. **b** und **p, d** und **t, g** und **k, l, m** und **n** werden wie im Deutschen ausgesprochen.

C:	wie tsch in *klatschen*: **kecap** (= Soße, ketchup); **cukup** (= genug);
F:	kommt in arabischen und anderen Fremdwörtern vor, meist als *p* gesprochen: **fikir** *pikir* (= denken); **aktif, positif** sind neue Schreibweisen;
H:	wie im Deutschen, am Wortanfang kaum, am Wortende deutlich mitsprechen: **hutan** *utan* (= Wald); **hujan** *ujan* (= Regen); **rumah** (= Haus); **tanah** (= Land);
J:	wie im Englischen *jungle* (= Dschungel): **jual** (= verkaufen); **belajar** (= lernen);
K:	wird im Malaiischen am Wortende kaum ausgesprochen; Kehlkopfverschlußlaut an Stelle des k: **budak** *buda'* (= Kind); **tarik** *tari'* (= ziehen)
R:	als letzter Buchstabe einer vorletzten Silbe deutlich mitgesprochen: **kertas** (= Papier); aber wie im Deutschen kaum am Satzende : **pasir** (= Sand); **telur** (= Ei);
S:	scharf wie in *Kasse*: **susu** (= Milch); **sejuk** (= kalt);
V:	wie in *Vase*; kommt in Lehnwörtern vor: **van** (= Lieferwagen); **universiti** (= Universität)
W:	immer wie englisches W in *water*: **wanita** (= Frau); **warna** (= Farbe)

Y:	wie deutsches *J* in *Jagd*: ya (= ja); yang (= der, welcher)
Z:	wie weiches *S* in *Rose*: **zaman** (= Zeit, Epoche)

Kombinationen

GH:	arabischer "Reibelaut", ähnlich dem französischen *R*
KH:	kommt ebenfalls in Wörtern arabischen Ursprungs vor, fast wie unser *ch* in *ach*: **khabar** (= Neuigkeiten)
NG:	etwas deutlicher ausgesprochen als im Deutschen: **angin** (= Wind);
NY:	wie *nj*: **minyak** (= Öl); **nyamuk** (= Moskito); **banyak**(= viel);
SY:	wie *sch*: **syarikat** (= Firma); **masyarakat** (= Gesellschaft)

Betonung

Die Wörter werden häufig auf der vorletzten Silbe betont. Wenn der vorletzte Laut ein E ist, häufig auf der letzten. Soweit die Faustregeln; aber bei den Lehnwörtern wurde natürlich meist auch deren Betonung mitübernommen. Wenn Sie sichergehen wollen, bestellen Sie sich die **Kauderwelsch-Begleitkassette Malaiisch** - Näheres auf Seite 62.

Einige Wörter zum Einstieg

Bevor ich die ohnehin einfache Grammatik erkläre, biete ich Ihnen als Kostprobe ein paar kleine, aber sehr nützliche Wörter an:

ada = *es gibt; ... befindet sich; haben*

ada bilik/bas/wang
es-gibt Zimmer/Bus/Geld

Es gibt zwar ein Fragewort, aber verstanden wird man auch, wenn man einfach die Stimme hebt:

ada kapal/keretapi/makanan?
gibt-es Schiff/Zug/Essen?

Die Antwort wird sein:

Ya, ada.
ja haben
Ja, gibt es./Ja, haben wir.

Tidak ada.
nicht haben
Nein, gibt es/haben wir nicht.

apa	was?
berapa	wieviel, wie teuer?
mana	wo?
ini, itu	dieses, jenes
mau	mögen, wollen

So, damit können wir schon weitere Primitivsätze bilden, z.B.:

apa ini/itu
was dies/jenes?
Was ist das?

Im Malaiischen braucht "ist/sind" nicht ausgedrückt zu werden:

Berapa ini?
wieviel dies
Was kostet das?

mana rumah rehat?
wo Haus Rast
Wo ist das (staatl.) Rasthaus?

mana stesen/stesyen?
wo Bahnhof?
Wo ist der Bahnhof?

saya mau bilik/minum teh
ich wollen Zimmer/trinken Tee
Ich möchte ein Zimmer/Tee trinken.

apa mau awak?
was wollen du
Was möchtest Du/möchten Sie?

Saya tidak mau bilik ini.
ich nicht wollen Zimmer dieses
Ich möchte dieses Zimmer nicht.

Das war jetzt schon ein längerer Satz und dient uns gleichzeitig als Einstieg in die Grammatik.

Grammatik

Die Wortstellung ist strikter als im Deutschen:

saya orang jerman
ich Mensch deutscher
Ich bin Deutscher.

kami mau makan sedikit
wir wollen essen etwas
Wir wollen etwas essen.

awak datang dari negeri Swis atau dari negeri Austria?
du kommen aus Land Schweiz oder aus Land Österreich?
Kommst Du aus der Schweiz oder aus Österreich?

Anders als im Deutschen sieht man einem Wort in der Grundform nicht an, ob es Hauptwort (Substantiv), Eigenschaftswort (Adjektiv) oder Tätigkeitswort (Verb) ist. Die Stellung im Satz ist entscheidend für die Bedeutung. In dieser Hinsicht ist Malaiisch solchen "Telegrammsprachen" wie Chinesisch oder Thai, mit denen es im Wortschatz praktisch nichts gemein hat, ähnlich.

Hauptwörter (Substantive)

Die Hauptwörter bleiben unverändert und haben keine Artikel. Will man auf eine bestimmte Sache hinweisen, benutzt man die bereits erwähnten hinweisenden Fürwörter: **ini** und **itu.**

rumah	(das) Haus
pintu	(die) Tür
bas	(der) Bus
rumah ini	dieses Haus
pintu itu	jene Tür

Wir sehen hier schon, daß hinweisende Fürwörter (und Eigenschaftswörter) hinter das Hauptwort gestellt werden. Stellen wir **ini** und **itu** voran, ändert sich die Bedeutung:

ini rumah Melayu
dies Haus malaiisch
Dies ist ein malaiisches Haus.

itu bas lama aber:	**bas lama itu**
das dort Bus alt	*Bus alt jener*
Das ist ein alter Bus.	jener alte Bus

Durch Nachstellen der Begriffe "männlich"/"weiblich" kann bei Bedarf das Geschlecht bestimmt werden:

bei Menschen	**wanita** (weiblich)	**lelaki** (männlich)
	guru wanita (Lehrerin)	**guru lelaki** (Lehrer)
bei Tieren	**betina** (weiblich)	**jantan** (männlich)
	ayam betina (Henne)	**ayam jantan** (Hahn)

Mehrzahl

Die Mehrzahl muß nicht extra ausgedrückt werden:
kawan = Freund, Freunde

Meist ergibt sich der Zusammenhang durch Mengenangaben oder Zahlwörter. Diese stehen im Gegensatz zu allen anderen Eigenschaftswörtern immer vor dem Bezugswort:

sikit (sedikit) buku	einige, wenige Bücher
banyak kucing	viele Katzen
para pelancung	eine Gruppe Touristen
para	(bezieht sich immer auf eine Gruppe Personen)

tiga orang Cina dengan K.
drei Mensch China mit K.
drei Chinesen mit dem K.

Allgemeine Mehrzahl, z.B. Kinder, Waren, etc. wird durch Verdoppelung ausgedrückt:

pelajar	Student	**pelajar-pelajar**	Studenten
barang	Ware	**barang-barang**	Waren
kanak	Kind	**kanak-kanak**	Kinder (allgemein)

Verdoppelung auf sparsame Weise: **orang2** statt **orang-orang** (in Bahasa Malaysia nicht mehr erwünscht)
Manche Wörter ändern bei Verdoppelung ihren Sinn oder sind nur in der verdoppelten Form üblich, z.B.:

mata	Auge	**layang**	emporfliegen
mata-mata	Polizist/Spion	**layang-layang**	Schwalben/Drachen
agar-agar		eine Algenart, oft als Gelee gegessen	
angan-angan		Gedanke, Idee, Schwärmerei	

Zusammengesetzte Hauptwörter

Sie werden umgekehrt wie im Deutschen gebildet:

rumah tumpangan	Gästehaus (billigste Hotelart)
rumah sakit *(krankes Haus)*	Krankenhaus
sakit	krank, schmerzhaft
pintu motokar	Autotür
motokar	Auto

Zusammengesetzte malaiische Wörter müssen im Deutschen nicht ebenso zusammengesetzt sein:

air mata	*(Wasser Auge)*	Träne
mata hari	*(Auge Tag)*	Sonne
suratkhabar	*(Brief Neuigkeiten)*	Zeitung
khabar angin	*(Neuigkeiten Wind)*	Gerücht

Handwerker heißen **tukang**, ihre Spezialität wird angehängt:

masak	kochen	**tukang masak**	Koch
kunji	Schlüssel	**tukang kunji**	Schlosser
jahit	nähen	**tukang jahit**	Schneider
kebun	Garten	**tukang kebun**	Gärtner

Abgeleitete Hauptwörter

Aus Hauptwörtern, Verben, Adjektiven können neue Hauptwörter durch Voranstellen/Anhängen bestimmter Silben gebildet werden:

kedai	Geschäft	**pekedai**	Ladenbesitzer
ladang	Feld	**peladang**	Bauer
baca	lesen	**pembaca**	Leser
lari	laufen	**pelari**	Läufer

lukis	zeichnen/malen	**lukisan**	Zeichnung/Gemälde
nyanyi	singen	**nyanyian**	Lied
tarik	ziehen	**tarikan**	Attraktion
cium	küssen	**ciuman**	Kuß
kotor	schmutzig	**pengotoran**	(Umwelt-)Verschmutzung
satu	eins	**persatuan**	Vereinigung
jalan	Weg	**perjalanan**	Reise
cakap	sprechen	**percakapan**	Unterhaltung
kahwin	heiraten	**perkahwinan**	Hochzeit
periksa	untersuchen	**pemeriksaan**	Untersuchung
menteri	Minister	**kementerian**	Ministerium
lahir	geboren werden	**kelahiran**	Geburt
datang	kommen	**kedatangan**	Ankunft
cantik	schön	**kecantikan**	Schönheit
maju	fortschrittlich	**kemajuan**	Fortschritt

Ich habe diesem Abschnitt etwas mehr Platz eingeräumt, damit man das Prinzip besser erkennt. Denn auf diese sehr regelmäßige Weise werden Hauptwörter gebildet, die man im Wörterbuch oft vergeblich sucht, wohl weil die Kenntnis der Regeln vorausgesetzt wird. Eine Schwierigkeit dabei ist die Assimilation, die den Anfangsbuchstaben des Grundwortes (das man zur Suche braucht) oft unkenntlich macht. Bei den Verben kommt noch mehr von der Sorte.

Eigenschaftswörter (Adjektive)

Wie wir gesehen haben, werden sie im Malaiischen grundsätzlich nachgestellt; auch sie sind unveränderbar:

sekolah besar
Schule groß
die große Schule/die Schule ist groß/die Schulen sind groß

Betonung und der Zusammenhang geben Aufschluß, was gemeint ist. Immer "verkehrt" herum hängen wir weitere Adjektive an:

sekolah kecil lama
Schule klein alt
die alte, kleine Schule

motosikal merah mahal baru itu
Motorrad rot teuer neu jenes
jenes neue teure rote Motorrad

ini und **itu** folgen immer den bestimmenden Adjektiven. Stehen sie direkt hinter dem Hauptwort, ändert sich der Sinn:

basikal ini baru
Fahrrad dies neu
Dieses Fahrrad ist neu.

indah	schön (Landschaft)
jahat	schlecht (böse)
bebas, merdeka	frei, unabhängig
pedas	scharf gewürzt
sedap	lecker
enak	köstlich
bagus	fein/schön
lurus	ehrlich/aufrichtig

banyak	viel	**sedikit**	wenig	**sikit**	etwas
besar	groß	**kecil**	klein	**baru**	neu
lama	alt	**tua**	Personen	**panjang**	lang
pendek	kurz	**baik**	gut	**kurang baik**	schlecht
cantik	schön	**buruk**	häßlich	**mujur**	Glück
maleng	Pech	**senang**	bequem	**senang hati**	glücklich
sedih	unglücklich	**menarik**	interessant	**bosan**	gelangweilt
dekat	nah	**jauh**	weit	**berat**	schwer
ringan	leicht	**sukar**	schwierig	**susah**	schwierig
mudah	leicht	**muda**	jung	**tua**	alt
cepat	schnell	**laju**	schnell	**perlahan-lahan**	langsam
awal	früh	**ter lambat**	spät	**kuat**	stark
daif	schwach	**lemah**	zart	**benar**	richtig
betul	wahr	**salah**	falsch	**pandai**	klug
pintar	geschickt	**bodoh**	dumm	**gelap**	hell
terang	dunkel	**mahal**	teuer	**murah**	billig
bersih	sauber	**kotor**	schmutzig	**rajin**	fleißig
malas	faul	**tinggi**	hoch	**rendah**	niedrig
kaya	reich	**miskin**	arm	**tebal**	dick
nipis	dünn	**pipih**	fein	**basah**	naß
kering	trocken	**panas**	heiß/warm	**dingin**	kalt
sejuk	kühl	**hati-hati**	vorsichtig	**berbahaya**	gefährlich
alpa	nachlässig	**aman**	sicher	**aman**	friedlich
keras	hart	**lembek**	weich	**lapar**	hungrig
haus	durstig	**manis**	süß	**masampahit**	bitter
masam	sauer	**laki-laki**	männlich	**perempuan**	weiblich
jantan	Männchen	**betina**	Weibchen	**hitam**	schwarz
putih	weiß	**biru**	blau	**kuning**	gelb
merah	rot	**hijau**	grün	**perang**	braun
kelabu	grau	**perak**	Silber	**emas**	Gold

Eigenschaften ins Gegenteil verkehren: **tak, tidak** (= nicht) davor setzen oder zum "Wahren des Gesichts" ein **kurang** (= weniger). Etwas ist "weniger" gut, jemand ist "weniger" fleißig/ehrlich, etc.

Vergleich

Wenn etwas genauso ist wie etwas anderes, setzt man **sama** (= das gleiche/selbe) vor das Eigenschaftswort:

Awak dan saya sama tinggi.	**Buah kelapa dan nenas sama murah.**
du und ich gleich groß	*Frucht Kokos und Ananas gleich billig*
Wir zwei sind gleich groß.	Kokosnüsse und Ananas sind gleich billig.

Ein "mehr" oder "weniger" einer Eigenschaft wird durch **lebih** bzw. **kurang** ausgedrückt, ggf. gefolgt von **daripada** (= als):

Kedai makanan ini lebih baik daripada kedai makanan itu.
Laden Essen dieser mehr gut als Laden Essen jener
Dieses Lokal ist besser als das Lokal dort.

Buah ini kurang masak daripada buah itu.
Frucht diese weniger reif als Frucht jene
Diese Frucht ist nicht so reif wie die dort.

KL lebih besar daripada Ipoh tetapi hidup lebih murah di Ipoh.
Kuala Lumpur mehr groß als Ipoh aber Leben mehr billig in Ipoh
K. L. ist größer als Ipoh, aber das Leben ist billiger in Ipoh.

Es gibt noch eine andere Form von Vergleich, die typisch malaiisch, aber für uns etwas ungewohnt ist. Man benutzt dazu die Wörter **dengan** (= mit) und **lagi** (= mehr):

Minuman bir dengan teh mahal lagi bir.
Getränk Bier mit Tee teuer mehr Bier
Bier ist teurer als Tee.

Steigern

Der Superlativ läßt sich auf mehrere Arten bilden:

yang ... sekali **yang cantik sekali** **yang baik sekali**	der/die/das welche(r/s) ist ... einmal(ig): die schönste das beste
yang paling ... **yang paling tinggi**	der/die/das/ ist äußerst, am meisten ... der höchste
ter... **terbaru**	 neueste (**baru** = neu)
se... - ...nya **setinggi - tingginya**	 am höchsten

Gunung Tahan gunung yang paling tinggi di Semenanjung Malaysia.
Berg Tahan Berg welcher am-meisten hoch in Halbinsel-Malaysia
Gunung Tahan ist der höchste Berg der Halbinsel Malaysia.

hotel terbaru dan termahal
Hotel neuestes und teuerstes
das neueste und teuerste Hotel

Nicht alle Adjektive können diese einfache Form des Superlativ annehmen - also ausprobieren und zuhören!

Im Satz über den **Gunung Tahan** habe ich ein Wörtchen ausgelassen, das man bei Erläuterungen gerne hinzufügt: **ialah** (= nämlich, das ist).

Gunung Kinabalu ialah gunung yang paling tinggi di Malaysia.
Gunung Kinabalu das-ist Berg welcher am-meisten hoch in Malaysia
Gunung Kinabalu ist der höchste Berg Malaysias.

In diesem Zusammenhang ein etwas längerer Satz:

Malaysia dan negeri Thai ialah dua buah negeri yang mendapat banyak hujan.
Malaysia und Staat Thai das sind zwei Frucht Staaten welche bekommen viel Regen
Malaysia und Thailand sind zwei regenreiche Länder.

Das **buah** bei **negeri** ist ein Kategoriewort, siehe dazu unter "Zahlen und Zählen"

Adjektive ableiten

Angesichts der Vielfalt aus anderen Wortarten abgeleiteter Wörter können natürlich auch Adjektive aus anderen Hauptwörtern und Verben gebildet werden.

Mit der Vorsilbe **ber...** bildet man aus Hauptwörtern Adjektive:

jalan berbatu	**kawasan berbukit**	**buah berair**
Straße versteinert	*Gegend hügelig*	*Frucht wässerig*
batu = Stein	**bukit** = Hügel	**air** = Wasser
Asphaltstraße	hügelige Gegend	saftige Frucht

Andere Adjektive werden aus Verben gebildet, indem das Verb hinter das Hauptwort gestellt wird: deshalb ist die richtige Satzstellung in "Telegrammstil"-Grammatiken so entscheidend, z.B.:

bilik menunggu	*(Saal warten)*	Wartesaal
waktu bekerja	*(Zeit arbeiten)*	Arbeitszeit
rahsia terbuka	*(Geheimnis geöffnet)*	offenes Geheimnis

Adverbien

Adverbien sind ebenfalls unveränderbar und unterscheiden sich vom Adjektiv nur dadurch, daß sie - wie der Name schon sagt - beim Verb und nicht beim Hauptwort stehen:

Kalau awak bercakap cepat saya tidak boleh faham.
Falls du sprechen schnell ich nicht kann verstehen
Wenn du schnell sprichst, kann ich dich nicht verstehen .

Saya pergi dahulu, awak datang kemudian.
Ich weggehe früher, du ankommen später
Ich gehe voraus, du kommst später nach .

Adverbien werden häufig durch andere Adverbien in ihrer Eigenschaft gesteigert. Man kann statt der unten aufgeführten Beispiele auch **banyak** (= viel) einsetzen, aber das würde als Basar-Malaiisch - die Primitivform dieser Sprache - angesehen werden, was uns natürlich nichts ausmacht. Dennoch zur Bereicherung drei Beispiele:

Cuaca kelmarin sangat panas.
Wetter gestern sehr heiß
Gestern war es sehr heiß.

Bilik ini terlampau sejuk, saya tak boleh tahan.
Zimmer dieses zu-sehr kalt, ich nicht können aushalten
Dieses Zimmer ist mir zu kalt, ich kann es nicht aushalten.

Harga barang-barang di kedai ini mahal belaka.
Preis Waren in Geschäft dies teuer alle zusammen
Die Preise der Waren in diesem Laden sind durchwegs teuer.

awal	früh
cepat	schnell
sungguh/betul	wirklich
tadi	gerade jetzt
hampir	fast
tetap	sicher
masih	noch
tidak berhenti-henti	unaufhörlich, pausenlos
sahaja/saja	nur (am Ende)
nanti/kemudian	später
lambat	spät
cermat-cermat	sorgfältig
segera	sofort
kadang-kadang	manchmal
terlampau	zu viel
terlalu	zu ...
oleh itu	deshalb/deswegen
seperti biasa	wie üblich
cuma/hanya	nur (am Anfang)

Persönliche Fürwörter

Wie in anderen asiatischen Ländern, wo auf Höflichkeit viel Wert gelegt wird, kennt auch das Malaiische viele Abstufungen im Gebrauch persönlicher Fürwörter, je nachdem, ob man unter sich ist oder zu Kindern oder ranghöheren Personen spricht. Es gibt etwa jeweils ein Dutzend Formen für jedes persönliche Fürwort. Zum Glück brauchen wir uns im Prinzip jeweils nur eine Form zu merken, im Bewußtsein, nicht immer ganz korrekt zu liegen oder etwas **kurang ajar** (= ungebildet) zu sein, was im Hinblick auf die Sprache ja stimmt.

saya	ich	höflich, geeignet für jede Situation; in vertrauterUmgebung reicht aku, verkürzt zu ku.
awak	Du Sie Ihr	ebenfalls höflich, sollte aber gegenüber Ranghöheren, die man mit ihrem Titel (s.u.) anredet, möglichst nicht gebraucht werden; **engkau**, verkürzt **kau** bzw. **kamu** verkürzt zu **mu** sagt man im vertrauten Kreis
anda	Sie	ist in Malaysia im Alltag noch nicht so gebräuchlich, wird meist in der Werbung benutzt, wo man die Leute ja nicht persönlich anredet
saudara **saudari**		wörtl. Bruder, Schwester
dia, ia	er, sie, es	**dia** wird vor allem für Lebewesen verwendet
kita **kami**	wir	**kita** schließt Gesprächspartner mit ein, **kami** nicht
mereka	sie (Mz)	

Saya tak ada wang.
ich nicht habe Geld
Ich habe kein Geld.

Adakah awak rumah?
haben-Fragesilbe du Haus
Hast du ein Haus?

Tiada sempat kita pergi ke Pulau Tioman.
nicht-haben Zeit wir gehen nach Insel Tioman
Wir haben keine Zeit nach Tioman zu fahren.

Mereka datang dari Sabah.
Sie kommen aus Sabah.

Dia cantik.
Sie ist schön.

Besitzanzeigendes Fürwort

Persönliche Fürworter werden unverändert an das Hauptwort gehängt:

buku saya	**wang awak**	
Buch ich	*Geld dein*	
mein Buch	dein Geld	
beg pakaian dia	**kapalterbang kami**	**kasut mereka**
Behälter Kleidung er/sie	*Flugzeug wir*	*Schuh sie*
sein/ihr Koffer	unser Flugzeug	ihre Schuhe

Man kann sagen:	aber einfacher ist:
saya punya mak	**mak saya**
ich besitzen Mutter	*Mutter ich*
meine Mutter	meine Mutter

Bei "sein/ihr" (= **dia**) hängt man jedoch die Nachsilbe **-nya** an:

keretanya	sein Auto	**rumahnya**	ihr Haus

Persönliche Fürworter werden nie verändert. Man benötigt aber für den 3. und 4. Fall ein Verhältniswort: **kepada** bzw. **pada**. Dieses wird nur in Verbindung mit Personen benutzt (s. Kap. Verhältniswörter).

Saya memberi sikit wang kepada dia.	**Aku cinta/sayang pada mu.**
ich geben etwas Geld zu er/sie	*ich Liebe/Zuneigung für dich*
Ich gebe ihm/ihr etwas Geld.	Ich liebe dich.

kepada saya	mir	**kepada awak**	dir

Rückbezügliche Fürwörter

Das rückbezügliche Fürwort wird einfach durch **sendiri** (= selbst) ausgedrückt:

saya sendiri	ich selbst (auch: allein)

Anrede

Charakteristisch für die immer noch stark hierarchisch strukturierten Gesellschaften Asiens ist der Gebrauch des Titels in der Anrede ranghöherer Personen. Keine Person ist im Prinzip gleichrangig: Stand, berufliche Stellung, Geschlecht oder Alter sind verschieden. Ein Zwilling, der einige Minuten vor dem Geschwister geboren wurde, ist damit klar der ältere Bruder (= **abang**) oder die ältere Schwester (= **kakak**). Die jüngeren werden die älteren Geschwister also nicht mit ihrem Namen sondern mit ihrem Titel **abang, kakak** anreden und so geht es nach oben bzw. unten weiter:

adik	jüng. Geschwister (werden mit Namen angeredet)		
kak(ak)	ältere Schwester	**abang**	älterer Bruder
anak perempuan	Tochter/Mädchen	**anak lelaki**	Sohn/Junge
(e)mak/ibu	Mutter	**bapa**	Vater
makcik/mak	Tante	**pakcik/pak**	Onkel

Die Verwandtschaftsbezeichnungen für Onkel und Tante lauten jedoch: **bapa saudara, emak saudara.**

nenek **nenek perempuan**	(Ur-)Großvater (Ur-)Großmutter
Encik ...	Herr ... (respektvolle Anrede in Verbindung mit dem Namen, hauptsächlich für Malaien; gesprochen oft: **ince** wird auf Briefen abgekürzt zu **En.**)
Cik ...	(Herr)/Frau/Fräulein ...
Tuan	Herr (Anrede für Männer in gehobener Position, auch z.B. für **Haji** (die Pilgerfahrten nach Mekka unternommen haben und fortan am weißen Käppi erkenntlich sind: **Tuan Haji**. Früher wurden auch alle weißen Männer so angeredet; abgekürzt: **Tn.** Achtung: Im titelbewußten Malaysia haben Minister und vor allem Mitglieder der Sultansfamilien lange Titel, die man bei der Anrede wissen muß.
Puan	Frau (Gegenstück zu **Tuan**, wird aber nur für verheiratete Damen verwendet, abgekürzt **Pn** (für Pilgerin: **Puan Hajjah;** erkenntlich am weißen Schleier oder Schal)
Datuk,Dato'	Titel, der dem englischen 'Sir' entspricht, wird von den Sultanen verliehen (**Dato'** = 0st-Malaysia)
Datin	weibl. Gegenstück; die Frauen erhalten Titel automatisch mit dem Mann. Wird der Titel aber direkt der Ehefrau verliehen, darf sich der Gatte nicht **Datuk** nennen (vgl. unsere fast ausgestorbene "Frau Doktor")

Tätigkeitswörter (Verben)

Tätigkeitswörter sind so bequem zu handhaben wie Hauptwörter und Adjektive - sie kennen keine Zeiten und Personenendungen:

ada	haben/sich befinden	**balik**	zurückkehren
bangun	aufstehen	**buat**	tun/machen
bunting	schwanger sein	**campur**	mischen
dapat	bekommen/erhalten	**datang**	kommen
duduk	sitzen	**fikir**	denken
gelak	lachen	**hidup**	leben
ingat	(sich) erinnern	**jadi**	werden
jatuh	fallen	**keluar**	hinausgehen
kembali	zurückkehren	**lahir**	geboren werden
lari	rennen/laufen	**lupa**	vergessen
mandi	baden	**mari**	kommen
masuk	eintreten	**mati**	sterben
mula	anfangen/beginnen	**naik**	aufsteigen
percaya	glauben	**pergi**	gehen/fahren
pulang	zurückkehren	**sakit**	krank/verletzt sein
sampai	ankommen	**senyum**	lächeln
sudah	beenden	**terbang**	fliegen
tiba	ankommen	**tidur**	schlafen
tinggal	bleiben/wohnen	**tumbuh**	wachsen
turun	absteigen (von Bus/Berg)		

Wie werden Zeiten ausgedrückt?

Ganz einfach: gar nicht, wenn dies aus dem Zusammenhang hervorgeht.

Zukunft

Saya pergi ke Melaka esok.
ich gehe nach Malakka morgen
Morgen fahre ich nach M.

Wir machen's im Deutschen oft genauso. Zukunft kann auch mit dem Hilfswort **akan** ausgedrückt werden.

Dia akan jadi seorang doktor.
er wird werden ein-Mensch Arzt
Er wird Arzt werden.

Kami akan tinggal satu minggu di pantai timor.
wir werden bleiben eine Woche an Küste Ost
Wir werden eine Woche an der Ostküste bleiben.

Häufig wird **nak** (von **hendak** = wollen/werden) verwendet:

Saya nak bermain bola petang ini.
ich werde spielen Ball Nachmittag dieser
Ich werde heute Nachmittag (Fuß-)Ball spielen.

Tadi saya nak pergi.
gerade ich wollen gehen
Gerade wollte ich gehen.

Vergangenheit

Vergangenheit wird durch **sudah/telah** (= beendet/schon) oder **belum** (= noch nicht) ausgedrückt:

Kita sudah makan.
wir schon essen
Wir haben schon gegessen.

Peter belum sampai dari Jerman.
Peter noch-nicht ankommen aus Deutschland
Peter ist noch nicht aus Deutschland angekommen.

Eine Handlung, die andauert(e), läßt sich durch Voranstellen der Wörter **sedang** oder **tengah** ausdrücken, **sedang** (= gerade) ist etwas eleganter als **tengah** (= Mitte):

Dia sedang menulis surat.
sie gerade schreiben Brief
Sie schreibt gerade einen Brief.

Dia tengah menulis surat ketika saya datang.
sie Mitte schreiben Brief als (Moment) ich komme
Sie schrieb gerade einen Brief, als ich kam.

Andere Wörter, die den Zeitzusammenhang ausdrücken, finden sich im Abschnitt über Zeitbegriffe.

Verben mit Vor-/Nachsilben

Leider gibt es einen etwas komplizierten Aspekt: Viele Verben ändern beim Gebrauch im Satz ihre Form durch Anhängen einer Vor- und/oder Nachsilbe. Dabei ändert sich häufig der erste Buchstabe als Folge der Assimilierung des Klanges. Normalerweise wäre das nicht weiter schlimm, aber wir brauchen ja diesen Anfangsbuchstaben für die Suche im Wörterbuch. Da die Verben aber oft nicht nach den Vorsilben sondern nach der Grundform sortiert sind, müssen wir uns kurz damit befassen. Verstanden wird man auch, wenn man stets die Grundform benutzt.

In unserem Wörterverzeichnis wird immer die Grundform angegeben, aber weiter unten in diesem Abschnitt sieht man auch eine nützliche Liste bereits umgeformter Verben:

Verben mit **-me** sind oft transitiv, d.h., ihnen folgt ein Objekt: Ich singe ein Lied, ich besuche einen Freund. Beginnt das Verb mit **l/m/n/r/w/y** bleibt es unverändert.

nyanyi	singen	**menyanyi**
yakin	überzeugen	**meyakin**

Beginnt das Verb mit **g/h/k** oder Vokalen, wird **meng-** vorangestellt (**k** am Verbbeginn wird fallengelassen):

ikat	binden	**mengikat**

Beginnt das Verb mit **b/f/p** wird **mem-** vorangestellt (**f/p** fallen weg):

pakai	tragen (Kleidung)	**memakai**

Beginnt das Verb mit **c/d/j/t/z** wird **men-** vorangestellt (**t** fällt weg):

dengar	hören	**mendengar**
jawab	antworten	**menjawab**
tarik	ziehen	**menarik**

Beginnt das Verb mit **s** wird es durch **meny-** ersetzt:

simpan	aufbewahren/sparen	**menyimpan**

Bei einsilbigen Wörtern wird **menge-** vorangestellt:

cam	erkennen	**mengecam**
sah	bestätigen	**mengesah**

Einige weitere wichtige Verben dieser Gruppe (in Klammern: Anfangsbuchstabe des Verbs in der Grundform):

melukis	zeichnen	**melihat**	sehen/beobachten
melompat	springen	**melawat**	besuchen
melatih	ausbilden	**merasa**	schmecken
menggigit	beißen	**mengambil**	nehmen
mengikut	folgen	**membeli**	kaufen
membuka	öffnen	**membaca**	lesen
membasuh	waschen	**membawa**	bringen
memakul (p)	schlagen	**memotong (p)**	schneiden
mencari	finden	**mencuri**	stehlen
menjemput	einladen	**menutup (t)**	schließen
menolong (t)	helfen	**menulis (t)**	schreiben
menerima (t)	empfangen	**menyoal (s)**	Fragen stellen

Wie im Deutschen können wir mittels der o.a. Vorsilbe schnell aus einem Hauptwort ein Verb machen:

rokok	Zigarette	**merokok**	rauchen
dayung	Ruder	**mendayung**	rudern

Es gibt noch eine ganze Reihe anderer Vor- bzw. Nachsilben, z.B.: **ber-/ter-/-me...kan/memper...kan**. Aber ich möchte Sie nicht zu sehr verwirren. Für die einfache, alltägliche Unterhaltung kommt man mit den Grundformen gut klar.

Passiv

Üblicherweise wird das Passiv durch Voranstellen der Vorsilbe **di-** gebildet. Bei den Verben der **me-** Gruppe wird **me-** durch **di-** ersetzt:

Kucing makan ikan.	**Ikan dimakan kucing.**
Katze essen Fisch	*Fisch werden gegessen Katze*
Die Katze frißt einen Fisch.	Der Fisch wird von der Katze gefressen.

Das "von/durch" muß nicht, kann aber durch **oleh** (durch) ausgedrückt werden:

Ikan dimakan oleh kucing.

Rafidah membersihkan bilik ini.	**Bilik itu dibersihkan oleh R.**
R. saubermachen Zimmer dieses	*Zimmer jenes gesäubert von R.*
R. macht jenes Zimmer sauber.	Jenes Zimmer wird von R. saubergemacht.

Befehle, Aufforderungen, Bitten

Die einfache Befehlsform wird durch die Grundform des Verbs ausgedrückt:

pergi	geh!
beli	kauf!

Verben mit **me-** verlieren diese Vorsilbe, solche mit **ber-** behalten sie:

berdiri sini steh hier!

Verneint wird durch Voranstellen von **jangan** (tue nicht):

jangan beli kauf nicht!

Sie werden in Malaysia sehr oft die Nachsilbe **-lah** hören - sie macht die Aufforderung weniger abrupt:

pergilah	geh, bitte!	**basulah**	wasch bitte!

Die Bitte um einen Gefallen kann auch durch Anhängen von **-kan** ausgedrückt werden:

Bawakan saya segelas air.
bringen-bitte ich ein-Glas Wasser
Bring mir (doch) bitte ein Glas Wasser.

Bitten werden noch höflicher durch **sila** und **tolong** ausgedrückt (**tolong**, wenn ich einen Nutzen daraus ziehe):

Tolong kembalikan buku itu.
bitte zurückbringen Buch jenes
Bring bitte jenes Buch zurück (mir zuliebe).

Sila kembalikan buku itu.
bitte zurückbringen Buch jenes
Bring bitte jenes Buch zurück.

Hilfsverben

Wie überall werden auch im Malaiischen häufig Hilfsverben verwendet:

boleh	können
mesti	müssen (auch: **kena)**
harus, patut	sollen, (moralisch) verpflichtet sein
hendak, nak	wünschen, wollen, werden
suka	mögen
biar	lassen (laßt ihn, laßt uns ...)

Andere Verben, die Vorlieben und Abneigungen ausdrücken, sind:

benci	hassen
cinta	(leidenschaftlich) lieben
dengki	beneiden
gemar, sayang	mögen, gern haben
ingin	sich sehnen nach
takut	sich fürchten vor
marah	ärgerlich sein

Tidak boleh masuk.
Nein können eintreten
Zutritt verboten

Verneinungen

Das Wort **tidak** bzw. **-tak** (= nein/nicht) haben wir schon zu Beginn gelernt, in Malaysia sagen die meisten nur **ta'** . Es wird in Verbindung mit Verben und nicht besonders betonten Adverbien und Adjektiven verwendet.

Dia tak mari.	**Saya tak mau beli daging ini.**
er nicht kommen	*ich nicht wollen kaufen Fleisch dieses*
Er kommt nicht.	Ich will dieses Fleisch nicht kaufen.

Hari ini tidak panas, sejuk.
Tag dieser nicht heiß, kühl
Heute ist es nicht heiß sondern kühl.

Man achte auf den folgenden Unterschied in der Wortstellung von **tak**:

Awak suka tak buah durian?
du mögen nicht Frucht Durian?
Magst du Durian oder nicht?

Awak tak suka buah durian?
du nicht mögen Frucht Durian?
Magst du keine Durian?

Hinter das Verb gestellt bedeutet es also: oder nicht? Bei Haupt- und Fürwörtern sagt man **bukan**, das oft unserem 'kein' entspricht:

Ini bukan suratkhabar, ini majallah.
dies keine Zeitung, dies Magazin/Illustrierte
Dies ist keine Zeitung, sondern ein Magazin.

bukan wird auch verwendet, um einen Widerspruch auszudrücken:

Bukan begitu, begini !
nicht wie-das, wie-dies
Nicht so, sondern so!

Saya bukan orang Jerman, saya orang Swis.
ich nicht Mensch deutsch, ich Mensch Schweiz I
Ich bin kein Deutscher, sondern Schweizer.

"..., nicht wahr?" wird ebenfalls mit **bukan** ausgedrückt:

Dia emak awak, bukan?
sie Mutter du, nicht
Sie ist deine Mutter, nicht wahr?

"Nein" wird entsprechend entweder durch **bukan** oder durch **tak** ausgedrückt:

Awak mau makan sekarang?	**Tak mau sekarang, kemudian.**
du mögen essen jetzt?	*nicht mögen jetzt, später*
Magst du jetzt essen?	Nein, jetzt nicht, später.
oder:	**Bukan sekarang, kemudian.**
	Nicht jetzt, später.

Im Malaiischen antwortet man nie einfach mit "nein" oder "ja", sondern wiederholt einen Teil des Satzes.

Boleh saya masuk?	**Boleh.**	**Ta' boleh.**
können ich hereinkommen?	*können*	*nicht können*
Kann ich hereinkommen?	Ja.	Nein.
Adakah roti?	**Ada.**	**T'ada.**
haben-? Brot	*haben*	*nicht haben*
Haben Sie Brot?	Ja.	Nein.
		(**tidak ada** verkürzt: **t'ada**)

"Ja" heißt praktischerweise **Ya**:

Awak ada lima ringgit?	**Ya, ada.**
du haben fünf ringgit?	*ja, haben*
Hast du fünf Ringgit?	Ja.

Für Befehle, Aufforderungen und Bitten gibt es ein eigenes Wort:

jangan	bei sachlicher Aufforderung,
usah, tak usah	bei Drängen, das durch **-lah** noch "aufgeweicht" werden kann, vergleichbar unserem: tu doch bitte.

Jangan masuk! — Nicht eintreten!
Tak usahlah masuk. — Komm (bitte) nicht herein.
Tak usahlah pergi. — Geh (bitte) nicht.

Jangan beri dia wang, beri dia bekerja.
nicht geben er Geld, geben er Arbeit
Gib ihm nicht Geld sondern Arbeit.

Fragen

Die einfachste Form, wie wir sie auch benutzen, habe ich schon vorgestellt: Aussagesatz plus Stimme heben. Man kann aber auch **apakah** (ob wohl ...) voranstellen.

Awak datang esok?
du kommen morgen
Kommst du morgen?

Apakah awak datang esok?
ob-wohl du kommen morgen
Kommst du morgen?

Wollen wir eines der Wörter betonen, hängen wir die Fragepartikel **-kah** daran:

a) **Awakkah yang datang esok?**
du-? welche kommen morgen
Kommst du(?) morgen?

b) **Awak datangkah esok?**
du kommen-? morgen
Kommst(?) du morgen?

c) **Awak datang esokkah?**
du kommen morgen-?
Kommst du morgen(?)?

Fragewörter

"Was" (**apa**) und "wieviel" (**berapa**) hatten wir schon zu Beginn, hier sind weitere Fragewörter:

siapa	wer
di mana / ke mana	wo / wohin
siapapunya	wessen
dari mana / yang mana	woher / welcher
kenapa, mengapa	warum, weshalb
bagaimana, macam mana	wie
bila	wann

berapa harga
wieviel Preis
wie teuer?

berapa jam
wieviel Stunden
wie lange?

jam/pukul berapa
Uhr wieviel
wie spät?

Umur (awak) berapa
Alter du wieviel
Wie alt bist du?

Siapa nama (awak)
wer Name du
Wie heißt du?

Siapakah nama isteri dia.
wer-? Name Ehefrau er
Wie heißt seine Frau?

berapa batu/kilometer
wieviele Meilen/Kilometer?

apakah itu / siapakah ini
was ist das / wer ist dies?

Kenapa (kah) awak tidak pergi ke Ipoh?
warum (?) du nicht fahren nach Ipoh
Warum fährst du nicht nach I.?/bist du nicht nach I. gefahren?

(Ke) mana awak pergi.
(nach) wo du gehen
Wohin fährst/fuhrst du?

Die Präposition vor **mana kann** wegfallen, wenn der Sinn klar ist.

Verhältniswörter (Präpositionen

Ortsangaben können im Malaiischen nicht alleine stehen. Sie benötigen ein Zusatzwörtchen, das klärt, ob sich etwas dort befindet, dorthin bewegt oder dorther kommt. Diese Wörtchen heißen:

di	auf, bei, in
ke	nach, hin
dari	von, her

Saya di dalam kamar.
ich bei innerhalb Zimmer
Ich befinde mich im Zimmer.

Saya pergi ke dalam kamar.
ich gehe nach innerhalb Zimmer
Ich gehe in das Zimmer (hinein).

Saya datang dari dalam kamar.
ich komme von innerhalb Zimmer
Ich komme aus dem Zimmer (heraus).

Alle folgenden Positionsangaben benötigen einen solchen Zusatz: **di..., ke..., dari...**

atas	auf, über, oben, oberhalb
bawah	unter, unten, unterhalb
dapan	vor, vorn
belakang	hinter, hinten
balik	hinter (auf der Rückseite)
dalam	in, innen, innerhalb
luar	außen, außerhalb
sebelah	neben
antara	(da) zwischen
sini, sana	hier, dort

Kamera saya di atas meja.
Kamera ich bei auf Tisch
Meine Kamera ist auf dem Tisch.

daripada, kepada – von, zu

werden bei Personen benutzt:

Surat ini datang daripada kawan saya.
Brief dieser kommen von Freund ich
Dieser Brief kommt von meinem Freund.

Beri surat ini kepada dia.
geben Brief dieser zu er
Gib ihm diesen Brief!

dengan – mit

Mereka pergi ke sekolah dengan bas sekolah.
sie fahren nach Schule mit Bus Schule
Sie fahren mit dem Schulbus zur Schule.

Kita boleh pergi ke Sabah dengan kapal terbang atau kapal laut.
wir können gehen nach Sabah mit Schiff hochsteigen oder Schiff Meer
Wir können nach Sabah fliegen oder mit dem Schiff fahren.

oleh – durch, mittels

Jalan raya itu sedang dibaiki oleh Jabatan Kerja Raya (JKR).
Straße groß jene gerade verbessert durch Amt Arbeit Groß
Jene Hauptstraße wird durch das Amt für öffentliche Arbeiten repariert.

pada - bei, um, auf

Pada kakinya ada nyamuk.
auf Bein-sein gibt-es Moskito
Auf seinem Bein sitzt ein Moskito.

Tayangkan gambar itu (ber)mula pada pukul 9.00 tepat.
Ins-Licht-Halten Bild jenes beginnen um Schlag 9.00 genau
Der Film beginnt genau um 9.00 Uhr.
(**tayang, tayangkan** = ins Licht halten)

sampai - bis

Peladang-peladang itu bekerja dari pagi sampai petang.
Bauer-Bauer jener arbeiten von morgens bis nachmittags
Jene Bauern arbeiten von morgens bis abends.

Bindewörter (Konjunktionen)

Sehen wir uns zunächst wichtige Bindewörter, die einzelne Wörter verbinden, an:

dan	und
tetapi	aber
dengan	mit
serta	samt, gemeinsam mit, sobald als
atau	oder

Dia membeli daging dan sayur.
er kaufen Fleisch und Gemüse
Er kauft Fleisch und Gemüse

Bilik di hotel ini kecil tetapi bersih.
Zimmer in Hotel dies klein aber sauber
Die Zimmer in diesem Hotel sind klein aber sauber.

Ibubapa serta keluarga dijemput hadir perkahwinan.
Mutter-Vater samt Familie eingeladen beiwohnen Hochzeit
Die Eltern wurden samt Familie zur Hochzeit eingeladen .

Die folgenden Bindewörter verbinden Sätze:

apabila, bila	wenn (Zeit)
kalau, jika, jikalau	wenn , falls
sambil	während
sejauh / selama	in wieweit / solange
sebelum / selepas, setelah	bevor / nachdem
semenjak, sejak	seit(dem)
meski (pun), warau (pun)	selbst wenn, obwohl
seolah-olah / untuk	als ob / um zu
dengan syarat	unter der Bedingung,daß
kalau tidak	falls nicht, oder sonst
sama ada . . . atau	ob . . . oder, entweder. . . oder
bukan sahaja...tetapi juga	nicht nur...sondern auch
sunggahpun. . .tetapi	obwohl . . . doch
ketika	als
sebab, kerana	weil, denn
hingga, sehingga	bis
kecuali	außer
supaya, sehingga	(so) daß

Sungguhpun dia miskin tetapi dia sentiasa gembira.
Obwohl er arm doch er immer gut gelaunt
Obwohl er arm ist, ist er immer guter Dinge.

Udara di waktu pagi bukan sahaja bersih tetapi juga menyegarkan.
Luft bei Zeit morgens nicht nur sauber aber auch erfrischend
Die Morgenluft ist nicht nur sauber, sondern auch erfrischend.

Belajarlah bersungguh-sungguh, kalau tidak awak tidak akan berjaya.
lerne-doch! wirklich-wirklich falls nicht du nicht werden erfolgreich
Lerne fleißig, sonst wirst du keinen Erfolg haben.

Dia menyanyi sambil menari.
sie singen während tanzen
Sie sang, während sie tanzte.

Zahlen und Zählen

Dies ist einer der wichtigsten Abschnitte, denn als Reisende hat man es ja dauernd mit Zahlen zu tun, und von allen Wörtern, die man beherrschen sollte, sind die Zahlwörter die wichtigsten.

Zum Glück braucht man nicht einmal 20 Wörter zu lernen, um damit von Null bis in die Millionen zu zählen. Das System ist sehr einfach:

0	**kosong**		
1	**satu (se-)**		
2	**dua**		
3	**tiga**		
4	**empat**	**-belas**	-zehn
5	**lima**	**-puluh**	-zig
6	**enam**	**-ratus**	-hundert
7	**tujuh**	**-ribu**	-tausend
8	**lapan**		
9	**sembilan**		
10	**sepuluh**		
11	**sebelas**		
12	**dua belas**		
30	**tiga puluh**		
65	**enam puluh lima**		
123	**seratus dua puluh tiga**		
404	**empat ratus empat**		
1100	**seribu seratus-**		
1572	**seribu lima ratus tujuh puluh dua**		
10 000	**sepuluh ribu**		
14 312	**empat belas ribu tiga ratus dua belas**		
1 Million	**sejuta / satu juta**		
5 Millionen	**lima juta**		

Satu wird in Kombinationen zu **se-**, also **seratus** und nicht **satu ratus**. Auch **seorang** anstelle von **satu orang**, u . ä.

Zig-	**berpuluh-puluh**	
Hunderte	**beratus-ratus**	
Tausende	**beribu-ribu**	**beribu-ribu orang datang**
Millionen	**berjuta-juta**	Tausende von Menschen kamen

1/4	**suku, seperempat** (=**satu per empat** = eins durch vier)
1/3	**sepertiga**
1/2	**setengah** (Preis, Zeit) **separuh** (Halb-)
3/4	**tiga suku, tiga per empat**

Rechnen

1%	**satu peratus**
10%	**sepuluh peratus**
0. 5%	**kosong perpuluhan lima peratus**
+	**campur** (wörtl.: mischen, addieren)
-	**tolak** (wörtl.: stoßen, abziehen)
x	**kali** (mal, Mal)
:	**membahagi** (geteilt durch)
=	**jadi** (wörtl.: werden)

2 + 3 = 5	2 x 3 = 6
dua campur tiga jadi lima	**dua kali tiga jadi enam**

Preise

harga	Preis
berapa (harga)	wie teuer
sekilo	pro kg, 1 kg
sekati	pro Kati (600 gr.), 1 Kati

Sekilo daging ini tujuh rlnggit setengah.
ein-kg Fleisch dieses 7 RM halb
Dieses Fleisch kostet RM 7.50 pro Kilo.

Der Preis wird wie bei uns oft verkürzt genannt: Je nach Zusammenhang kann **satu setengah** (= eins halb) 1.50, 150, 1500, 1,5 Millionen etc. bedeuten.

tiga ringgit dua puluh sen kann auch **tiga dua puluh** ausgedrückt werden: "drei zwanzig" sagen wir ja auch.

Ordnungszahlen

Sie werden - außer der ersten - einfach durch Voranstellen von **yang ke...** vor das Zahlwort gebildet:

yang pertama	der, die, das erste
yang kedua	der, die, das zweite
yang kesebelas	der, die, das elfte
yang terakhir, terkebelakang	der, die, das letzte, hinterste

Dia orang yang pertama tiba.
er Mensch welcher erster eintreffen
Er traf als erster ein. Er kam als erster an.

Kereta ini adalah keretanya yang kedua.
Wagen dieser ist-! Wagen-ihr welcher zweiter
Dies ist ihr zweiter Wagen.

Siapa dapat hadiah yang ketiga.
wer bekommen Preis welcher dritte
Wer bekam den dritten Preis?

Datang pada Hari Raya yang pertama.
kommen an Hari Raya welcher erster
Kommt am ersten Tag von Hari Raya.

Kategoriewörter

Wie in anderen asiatischen Sprachen werden auch im Malaiischen dort Kategoriewörter verwendet, wo wir ohne auskommen. Wir sagen zwar "zwei Blatt Papier", aber andererseits einfach "drei Bücher, vier Bananen". Im Malaiischen muß man für diese drei Beispiele sagen:

dua keping kertas,	(zwei Scheibe Papier)
tiga buah buku,	(drei Frucht Buch)
empat butir pisang.	(vier Korn Banane)

Welche Kategoriewörter für welche Dinge benutzt werden müssen, können Sie folgender Liste entnehmen:

orang	(Mensch)	Personen **dua orang polis** 2 Polizisten
ekor	(Schwanz)	Tiere **tiga ekor ikan** 3 Fische
buah	(Frucht)	große, geräumige Gegenstände wie Bücher, Möbel, Gebäude, Fahrzeuge, Schiffe, Inseln, Länder **tiga buah pulau** 3 Inseln **enam buah kapal laut** 6 Dampfer

biji	(Samen)	kleine runde Gegenstände **lima biji cawan** 5 Tassen **duabelas biji telur** 1 Dutzend Eier
butir	(Korn)	etwas größere runde Gegenstände, oft Obst **empat butir kelapa** 4 Kokosnüsse
batang	(Stange)	lange Gegenstände wie Stifte, Zigaretten, Stämme, Ströme **tiga batang rokok** 3 Zigaretten
keping	(Scheibe)	flache Gegenstände wie Papier, Scheiben von Brot, Wurst etc. **sekeping kertas** 1 Blatt Papier
helai		größere flache Gegenstände, Stoff, Gras, Blätter, Papier, auch Haar(!) **sehelai kain** ein Stoff **dua helai rambut** 2 Haare

Anaknya suka rambutan; tadi dia makan dua puluh biji.
Kind-sein mögen Rambutan; gerade es essen zwanzig Kerne
Sein Kind liebt Rambutan, gerade aß es zwanzig Stück.

tukang sembelih potong daging itu berkeping-keping;
Handwerker schlachten schneiden Fleisch jenes Scheibe-Scheibe;
ada enam keping semuanya.
haben sechs Scheiben alles-sein
Der Metzger schnitt das Fleisch in Scheiben: es ergab zusammen sechs Scheiben.

Es gibt zwar noch weitere Kategoriewörter, aber für den Anfang sollten diese reichen.

Unbestimmte Mengenangaben

Hier sind weitere Mengenangaben; im Abschnitt über die Hauptwörter haben wir schon einige kennengelernt. (Nicht vergessen: Mengenangaben stehen vor dem Bezugswort!)

banyak	viele, viel (nicht: sehr)
ramai	viele (nur für Menschen gebraucht)
sedikit, sikit	etwas, wenige
separuh, setengah	wörtl. halb, wenn unbest.: einige
apa-apa	irgendetwas
siapa-siapa / sesiapa	irgendjemand
mana-mana	irgendwo
sebarang	irgendwelche (Gegenstände)
sangat, amat	sehr
tak beberapa	nicht sehr/so
beberapa	mehrere

beberapa orang laki-laki	mehrere Männer
tak ramai orang perempuan	nicht viele Frauen
siapa-siapa boleh masuk	jeder kann hineingehen

Awak boleh ambil apa-apa awak suka.
du können nehmen irgendetwas du mögen
Du kannst alles nehmen, was du willst.

Nanas ini tak berapa masak.
Ananas diese nicht viel reif
Diese Ananas ist nicht so / sehr reif.

Zeit und Zeitbegriffe

Uhrzeit

Die Uhrzeit macht im Malaiischen keine Probleme.

pukul *(Schlag)*	Uhr
pukul berapa	wieviel Uhr? / wie spät?
pukul lapan	8 Uhr
jam	Stunde, Uhr
minit	Minute
sa'at	Sekunde

Statt **pukul** kann man auch **jam** für Uhr sagen, was es in der Tat auch bedeutet:

jam tangan	*Uhr Hand*	Armbanduhr
jam dinding	*Uhr Wand*	Wanduhr
berapa jam?	wieviel Stunden?	
sembilan jam	neun Stunden	
jam duabelas	zwölf Uhr	
waktu, masa	Zeit	

An die Uhrzeit wird zur Verdeutlichung meist die Tageszeit angehängt, da die Stunden nur bis 12 gezählt werden:

pagi / pagi-pagi	morgens, vormittags / sehr früh morgens

tengahari	mittags
petang	nachmittags
malam	abends (nach Sonnenuntergang), nachts

pukul enam setengah pagi	**pukul empat suku petang**
6.30, morgens halb sieben	16.15, Viertel nach vier Uhr nachmittags

jam sembilan dua puluh lima malam
Uhr neun zwei zehn fünf abend
21.25, 9.25 Uhr abends

kurang lima pukul duabelas
weniger fünf Schlag zwölf
5 (Minuten) vor 12 (Uhr)

kurang suku pukul lapan pagi
weniger Viertel Schlag acht morgens
7.45, ein Viertel vor acht

lagi tigabelas minit pukul sepuluh
noch dreizehn Minuten Schlag zehn
9.47, 13 Minuten vor zehn

Wochentage

Im Malaiischen werden die arabischen Namen verwendet:

hari Ahad / minggu	Sonntag
hari Isnin	Montag
hari Selasa	Dienstag
hari Rabu	Mittwoch
hari Khamis	Donnerstag
hari Jumaat	Freitag
hari Sabtu	Samstag

Monate

In Malaysia ist das gregorianische und islamische Zählsystem in Gebrauch: Im Alltag richtet man sich nach dem westlichen (gregorianischen), also nach dem Sonnenkalender; religiöse islamische Feste werden jedoch nach dem Mondkalender bestimmt und begangen. Die Mondkalender der Chinesen und Inder weichen übrigens vom islamischen ab.

Gregorianischer Kalender	Islamischer Kalender (nicht zeitgleich!)
Januari	**Muharram**
Februari	**Safar**
Mac	**Rabi 'ul-awwal (bulan Maulud)**
April	**Rabi 'ul-akhir**
Mei	**Jamadil-awwal**
Jun	**Jamadil-akhir**
Julai	**Rajab**
Ogos	**Sya'aban**
September	**Ramadhan (bulan Puasa)**
Oktober	**Syawal (bulan Raya Puasa)**
November	**Zulkaidah (bulan Berapit)**
Disember	**Zulhijjah (bulan Raya Haji, bulan Haji)**

Die Monatsnamen für unseren Kalender sind - wie erkenntlich - aus dem Englischen übernommen worden.

Datum

Das Datum wird ähnlich geschrieben wie bei uns, allerdings wird keine Ordnungszahl benutzt, sondern die Abkürzung **hb. (hb = hari bulan** = Monatstag) an die normalen Zahlen gehängt.

13hb. Mei, 1989	13. Mai 1989	**tarikh, hari bulan**	Datum
6hb. Disember, 1947	6. Dezember 1947	**pada**	am

Saya dilahirkan pada hari minggu, 21hb. November ...
ich geboren am Tag-Woche, 21. November ...
Ich wurde am Sonntag, dem 21. November ... geboren.

Islamische Feiertage in Malaysia

1. **Muharram** islamisches Neujahr
(Gedenktag für Mohammeds "Hatsch" von Mekka nach Medina, 622 A. D.)
12. Rabi 'ul-awwal Mohammeds Geburtstag
1. Syawal: Hari Raya Puasa (Hari Raya Idilfitri)
Ende der Fastenzeit
10. Zulhijjah: Hari Raya Haji (Hari Raya Idiladha)
Gedenktag für die Pilger, die an diesem Tag den "Baitullah", den schwarzen Stein der Ka 'aba, in Mekka umrunden.

Thaipusam-Prozession (Hindu-Feiertag)

Allgemeine Zeitbegriffe

hari	Tag	**sekarang**	jetzt
hari ini	heute	**sedang, baru**	gerade
tiap-tiap hari	jeder Tag	**masih**	noch
kelmarin, semalam	gestern	**nanti**	gleich, später
kelmarin dahulu	vorgestern		
kelmarin pagi	gestern vormittag		
malam tadi	letzte Nacht		
(b)esok	morgen		
lusa	übermorgen		
sebelum	davor		
selepas	danach		
dahulu, dulu	vorher		
minggu	Woche		
bulan	Monat		
tahun	Jahr		
minggu yang datang	kommende, nächste Woche		
bulan yang lalu	vergangenen, letzten Monat		
pada masa ini	um diese Zeit, gegenwärtig		
tidak lama lagi	nicht mehr lange, bald		

Anhängsel

Dieser Abschnitt ist eine Zugabe für diejenigen, die noch ein paar Feinheiten der Sprache verkraften können. Man muß sie nicht wissen, kann sich also auch mit flüchtigem Durchlesen begnügen.

-lah

In Malaysia wird man ständig **-lah** am Ende von Wörtern und Sätzen hören. Es dient entweder der Betonung eines Wortes oder der Ausgewogenheit eines Satzes:

Kalau awak hendak ambilah!
Wenn du wollen nehmen-!
Wenn du (unbedingt) willst, nimm's doch!

Cantiklah lukisan ini.
Schön-! Bild dieses
Wie schön dieses Bild ist./Toll ist dieses Bild.

Datanglah bila-bila lapang.
Komm halt, wann immer du nichts vor hast.
(**lapang** = unbesetzt, frei)

–nya

Viel gebraucht wird auch die Nachsilbe **-nya**, die wir als persönliches Fürwort der 3. Person kennengelernt haben, aber es wird auch zur Betonung oder als Adverb verwendet:

Katanya dia akan datang.
sagen-er werden kommen
Er sagt, er würde kommen.

Lebatnya hujan.
schwer-er Regen
Wie stark der Regen ist.

Hari nak hujan nampaknya.
Tag werden Regen aussehen-sein
Es sieht aus, als ob es regnen wird.

akhirnya
(sein Ende)
schließlich

mulanya
(sein Anfang)
anfangs

juru-

Experten werden oft durch die Vorsilbe **juru-** vor ihrer Tätigkeit bezeichnet:

juruterbang	Pilot
jurubahasa	Dolmetscher
jururawat	Krankenschwester
jurutera	Ingenieur
jurulatih	Trainer

tata-

Die Vorsilbe **tata-** (Methode, System) bezeichnet abstrakte Begriffe wie

tatabahasa	Grammatik
tatatertib	Disziplin

-wan/-wati

-wan (m)/**-wati** (w) wird an personenbezogene Wörter angehängt:

jutawan	Millionär
wartawan	Journalist
sukarelawan	Freiwilliger

se-

Die Vorsilbe **se-** ist uns bereits mehrfach begegnet. Sie hat viele Bedeutungen:

sehari, seringgit	ein Tag, ein Ringgit
sebaya, sepejabat	dasselbe Alter, dasselbe Büro
sepanjang jalan	die Straße entlang
sekitar kawasan	in der Gegend herum
sewaktu itu	während jener Zeit
seketika itu	jenes Augenblicks

sepandai dia
so klug wie er

setinggi pokok
so hoch wie ein Baum

sepatutnya
mit Fairness

sewajarnya
natürlich

makan sebanyak-banyaknya
soviel wie möglich essen

setibanya di Pulau Pinang
sobald er in Penang eintraf

seseorang	jemand
sesuatu	jede (r, s)
sekiranya	falls zufällig
sememangnya	von Natur aus
selain daripada itu	abgesehen davon, daß
sekehendak hatinya	übereinstimmend mit seinem Wunsch

Damit ist der Grammatikteil zuende. Mit dem angebotenen Handwerkszeug können Sie bereits viele einfache Gespräche führen. Wenn Malaien sich miteinander unterhalten, werden Sie jedoch nur wenig mitbekommen - das ist normal. Aber wichtig ist es, daß Sie sich verständlich machen können, und auf einfache Fragen werden Sie in der Regel auch einfache, verständliche Antworten bekommen. Viel Spaß also bei der Anwendung Ihres Malaiisch. Die Einheimischen freuen sich so oder so darauf.

Begrüßung

Die Formel dafür ist **Selamat,** an die die Tageszeit oder der Gegenstand des Wunsches angehängt wird. Moslems unter sich begrüßen sich unabhängig von der Tageszeit in der Regel mit dem Standardgruß aller Moslem: **Salam alaikum**, auf das **alaikum salam** geantwortet wird. Sie halten sich - soweit Sie nicht Moslem sind - an die üblichen Grußformeln:

Selamat	**pagi**	guten	Morgen
...	**tengahari**	...	Mittag
...	**petang**	...	Nachmittag
...	**malam**	...	Abend
...	**tidur**	...	Schlaf, gute Nacht
...	**jalan**	...	Weg, gute Reise - für dieWeggehenden
...	**tinggal**	...	gutes Bleiben - für die Bleibenden (beides bedeutet: Auf Wiedersehen)
...	**datang**	...	Herzlich(es) Willkommen
...	**bekerja**	...	gutes Arbeiten

Redewendungen

Apa khabar. *(was Neuigkeit)*	Wie geht's?
Khabar baik. *(Neuigkeit gut)*	gut
Terimakasih. *(annehmen Liebe)*	Danke
sama-sama *(gleich-gleich.)*	(Danke) gleichfalls
minta maaf *(bitten Verzeihung)*	Ich bitte um Entschuligung; Verzeihung; Es tut mir leid
maafkan saya	Entschuldigen Sie mich (bitte)
permisi	Gestatten Sie, daß ... (beim Verlassen eines Raumes)
ta' tau	ich weiß nicht

ta' boleh / ta' apa-apa	ich kann nicht/macht nichts
sampai jumpa lagi	bis zum nächsten Mal'

Ausrufewörter

aduh	häufig gebrauchter Ausdruck der Überraschung bzw. des Schmerzes: Oh! Oh je! Wie konntest du so etwas tun?!
aduhai	s . o.
alama(k)	oh Gott
amboi	oh, Ausruf der Uberraschung
hai	he, da, hallo!
wahai	ah, oh, die Aufmerksamkeit auf sich lenkend

Als Zugabe stelle ich hier ein paar gefühlsbezogene Ausdrücke mit **hati** (Herz, Gefühl) vor. Es ist nur eine kleine Auswahl, die aber auch so schon einen schönen Einblick in die Bildhaftigkeit des Malaiischen gibt, mancher Ausdruck hat auch im Deutschen seine Entsprechung:

ambil di hati	*(nehmen ins Herz)*	Groll hegen
belas hati	*(zehn Herz)*	Mitgefühl
berdebar hati	*(klopfen Herz)*	Herzklopfen vor Aufregung
besar hati	*(groß Herz)*	in Hochstimmung
buah hati	*(Frucht Herz)*	Kosename
hancur hati	*(gebrochen Herz)*	zerbrochenes Herz
jauh hati	*(fern Herz)*	melancholisch
kecil hati	*(klein Herz)*	verletzt (figurativ)
lembut hati	*(weich, zart Herz)*	weichherzig
makan hati	*(essen Herz)*	"brüten"
puas hati	*(zufrieden Herz)*	zufrieden
putih hati	*(weiß Herz)*	aufrichtig
putus hati	*(zerrissen Herz)*	verzweifelt
sedap hati	*(köstlich Herz)*	gut gelaunt
tawar hati	*(ohne Geschmack Herz)*	keine Lust haben
terang hati	*(hell Herz)*	klaren Blicks

Wortkürzel

Im Gespräch kürzen Malaien liebend gern alle möglichen viel gebrauchten Worte ab oder lassen Vorsilben weg. Wenn wir das nicht wissen, verstehen wir oft nur Bahnhof. Sehen Sie sich mal malaiische Comics an: Da erscheint kaum ein Wort in voller Länge, aber so reden die Leute unter sich. Hier deshalb ein paar typische Beispiele:

ku, kau	=	**aku, engkau**	ich, du
ni, tu	=	**ini, itu**	dieses, jenes
'dah	=	**sudah**	schon
'tapi	=	**tetapi**	aber
'gaimana	=	**bagaimana**	wie
nak	=	**hendak**	wollen, werden

Die Vorsilbe **me-** bei den Verben wird oft verschluckt:

'nunggu	=	**menunggu**	warten

dulu	=	**dahulu**	vor
saja	=	**sahaja**	nur
sikit	=	**sedikit**	etwas, ein bißchen

Mini - Knigge

Für Malaysia brauchen wir eigentlich nicht nur einen Satz Verhaltensregeln sondern mindestens drei, je einen für die Vertreter der drei Völker **(bangsa):** Malaien (**Orang Melayu**), Chinesen (**Orang China**) und Inder (**Orang Hindia**) - die Vertreter der übrigen Volksgruppen wie **Orang Asli** in West-Malaysia, die **Kadazan, Murut, Bajau** in Sabah oder die **Iban, Kelabit, Penan** in Sarawak nicht mitgerechnet: Sie alle haben ihren eigenen Verhaltenskodex. Wir begnügen uns hier mit allgemeingültigen Regeln.

Die Malaysier sind im Umgang miteinander im allgemeinen freundlich und unkompliziert. So reicht auch für uns freundliches, natürlich höfliches Verhalten. Man erwartet von uns nicht, daß wir uns genau auskennen und nimmt uns Fehler wohl kaum übel. Dennoch hier ein paar nützliche Hinweise in bunter Folge:

Älteren (unabhängig von Rang) und allen Personen mit höherem Status gilt besonderer **Respekt.** Ihnen wird auch bevorzugt ein Sitzplatz (z.B. im Bus) angeboten.

• Lassen Sie möglichst niemanden das **"Gesicht verlieren";** in dieser Beziehung sind die meisten Asiaten sehr empfindlich, d.h. schreien Sie sie nicht an, blamieren Sie sie nicht, bringen Sie sie nicht in große Verlegenheit usw. Man schmeichelt den anderen, lobt, verteilt Komplimente, vermeidet öffentliche Kritik, ist um Harmonie bestrebt; die andere Person wird - in Worten - oft wichtiger gemacht als sie ist, was ja nichts schadet. Komplimente werden gern gehört.

Die Höflichkeit verlangt es auch, daß man Fremden Wünsche weitgehend erfüllt. Jemand wird mir auf meine Frage nach dem Weg sagen: "Dort geht's lang.", selbst wenn er es nicht genau weiß. In solchen Fällen empfiehlt es sich also, mehrere Personen zu fragen.

• **Kleidung:** Die Menschen in Malaysia sind viel konservativer als im Westen, selbst die kess angezogenen Chinesinnen. Frauen tragen grundsätzlich BH unter T-Shirt, Bluse oder Kleid. Oben ohne baden ist grundsätzlich tabu. Für Malaiinnen sind selbst Badeanzüge nicht drin: Sie baden mit T-Shirt darüber, wenn überhaupt. Der Islam schreibt vor, daß Frauen außerhalb des Hauses nur Gesicht, Hände und Füße entblößen dürfen, woran sich viele junge Mädchen halten. Viele tragen den **tudung**, der sie wie Nonnen aussehen läßt, Folge des strenger gewordenen Islam.

Die **Männer** sollen ihre Beine auch nicht enthüllen, also tragen sie lange Hosen oder Sarongs.

Touristen müssen das nicht unbedingt, Shorts sind gerade noch akzeptabel. Chinesen, auch jüngere Chinesinnen tragen sie vielfach. Aber an der Ostküste (mit den herrlichen Stränden) sind die Menschen strenge Moslems. Hier also nicht zu gewagt kleiden, sonst - das gilt besonders für Frauen - behandeln einen die Malaien dementsprechend. Malaiinnen und Inderinnen tragen fast immer lange Röcke.

• Enges Beisammensein **(khalwat)** zwischen nicht verheirateten Partnern oder gar unehelicher Sex **(zinah)** können Moslems ins Gefängnis bringen; auch Küsse sind nicht gestattet. Am besten also Berührungen des anderen Geschlechts vermeiden. In diesem Zusammenhang ein kurzer Hinweis: Wer Malai(inn)en heiraten und in Malaysia leben will, muß sich zum Islam bekehren oder mit ihm/ihr auswandern! Malaien dürfen ihre Religion nicht wechseln, alle anderen ja.

• Sie sollten nie den **Kopf** eines anderen berühren, auch oder gerade den eines Kindes nicht. Der Kopf ist der Ort der Seele. In Thailand gilt dasselbe. Für Malaien sind die Füße unrein, also nicht mit den Füßen irgendwohin zeigen oder Gegenstände bewegen. Sitzen auf dem Boden: Männer im Schneidersitz, Frauen halten ihre Füße links seitlich.

• Nicht mit Zeigefinger auf Leute zeigen, sondern mit dem Daumen, der auf der Faust aufliegt (nicht wie beim Auto-Stop).

Man winkt heran mit der Handfläche nach unten. Die Bedienung im Restaurant wird so herangewunken, wenn sich die Blicke kreuzen (nicht rufen, pfeifen o.ä.).

• **Trinkgeld** braucht man nie zu geben. In besseren Lokalen bleiben zwar bei der Rückgabe des Wechselgeldes schon mal ein paar Münzen auf dem Tablett liegen; aber bei **Hawkern** (Eßständen) und auch Taxifahrern kann man sich immer auf den letzten Cent herausgeben lassen. Das machen alle so. Man wird immer fragen: Was haben Sie für dies oder das bezahlt. War es zu teuer, sagt man es Ihnen.

• Inder und Malaien essen mit der rechten Hand, nie mit der linken, die auf der Toilette gebraucht wird. Nach dem Essen gibt's (Limonen-)Wasser zum Säubern der Hand. Denken Sie immer daran, daß die linke Hand generell als unrein gilt, übergeben Sie daher Geschenke etc. immer mit der rechten, berühren Sie möglichst kein Essen, keine Waren mit der linken.

• Außer in guten Hotels bieten **Toiletten,** die oft keine Augen- und Nasenweide sind, kein Papier, sondern einen Behälter mit Wasser und einen Schöpfer (manchmal nur eine Dose unter dem Wasserhahn), Wasser und die linke Hand erledigen die Aufgabe von Papier. Es geht gut so, aber wenn es Ihnen lieber ist: Toilettenpapier **(tisu tandas)** gibt es überall zu kaufen.

• Beim Betreten von Häusern werden meist die Schuhe ausgezogen, achten Sie darauf, wie es die Gastgeber machen.

• In Malaysia gibt es die schöne Sitte des **"open house"** anläßlich der großen Feiertage: **Hari Raya Puasa** (Ende der Fastenzeit) bei Malaien, **Chinese New Year** bei den Chinesen, **Deepavali** bei den hinduistischen Indern und **Weihnachten** bei allen Christen. Theoretisch kann man **völlig fremde Leute** besuchen, in Kuala Lumpur sogar den König oder den Premierminister (beide nur an Hari Raya); man wird Ihnen etwas zum Knabbern und Trinken anbieten. An Weihnachten z. B. werden auch Malaien, buddhistische Chinesen oder Hindus ihre christlichen Freunde und Bekannten besuchen und umgekehrt. Man verschickt vor diesen Festen auch Grußkarten. Mitbringen muß man nichts, bei chin. Neujahr sind aber zwei oder vier Mandarinen als Glückssymbol angebracht. Kindern gibt man gern etwas Geld in der speziellen roten Tüte **(ang pow)**; malaiische Kinder haben diese Sitte für sich natürlich längst angenommen. Statt in der roten chinesischen, in der grünen islamischen Tüte.

• **Geschenke** werden nicht in der Gegenwart des Besuchers ausgepackt. Man will nicht gierig erscheinen. Ein Geschenk wird übrigens übergeben, indem man es in der rechten Hand festhält (falls es nicht zu schwer ist) und den rechten Arm mit der linken Hand unterstützt. Vergessen Sie nicht, die linke Hand gilt als unrein.

Malaien mögen gern Süßes, Parfum, Souvenirs, Spielzeug, aber nichts, was mit Schwein oder Hund (für Moslems unrein) zu tun hat; bringen Sie auch keinen Alkohol mit. Kein weißes Papier zum Einpacken verwenden (Trauerfarbe).

Chinesen soll man beim ersten Besuch nichts mitbringen: Man will sich die Freundschaft ja nicht erkaufen. Ansonsten Süßigkeiten, Kuchen, für Männer Cognac (Brandy); Geschenke möglichst in gerader Zahl, und besser keine Blumen, schon gar nicht in ungerader Zahl (Blumen für Trauer und Krankheit); Chinesen wollen wegen dieser Assoziation auch keine Taschentücher, Uhren, Storchfiguren auf Kuchen, scharfe Gegenstände: alles Unglückszeichen. Geschenkpapier darf nicht weiß, schwarz oder blau sein.

Inder bevorzugen grünes, rotes, gelbes Packpapier. Sikhs rauchen nicht, also keine Zigaretten mitbringen. Trauernde Inder sollten Sie nicht montags, dienstags, donnerstags besuchen; Frauen nach der Entbindung nicht dienstags.

• Geht man durch eine Menschenmenge, vor allem wenn die Leute auf dem Boden sitzen, etwa im Langhaus, "schneidet" man mit der Hand in gebückter Haltung einen Weg hindurch und sagt: **permisi**.

• Sprechen Sie eine Essenseinladung aus, denken Sie daran, daß Moslems kein Schweinefleisch und Hindus kein Rinderfleisch essen dürfen. Der kleinste gemeinsame Nenner ist Huhn **(ayam),** Fisch **(ikan),** vielleicht noch Ziege **(kambing),** letztere mögen aber viele Chinesen nicht.

• Malaien begrüßen sich folgendermaßen: Die Männer berühren einander kurz beide Hände und führen die rechte dann ans Herz (Bedeutung: ich grüße dich von Herzen). Frauen küssen nach der Berührung ihre rechte Hand und führen sie dann ebenfalls ans Herz (Bedeutung: ich küsse deinen Gruß und grüße dich von Herzen).

Strenge Moslem berühren einander oft nicht.

Da Männer und Frauen sich nicht berühren sollten, begnügen sich Frauen oft mit freundlichem Kopfnicken.

• Es ist besser, eine Religion zu haben. Es ist nicht so wichtig, welche, Hauptsache man ist gläubig. Auch die Christen sind in Malaysia sehr aktive Kirchgänger.

• **Chinesische Tempel** werden von rechts betreten und nach links verlassen. In **indischen Tempeln** darf man Statuen und Gemälde nicht anfassen. **Moscheen** dürfen von Nicht-Moslem nur selten betreten werden, darum fragen Sie vorher. Vor dem Betreten die Schuhe ausziehen und nicht vor Betenden vorbeigehen.

• Viele Malaysier äußern sich kritisch über ihr Land und die Politik. Man sollte aber ein Gespür entwickeln, ob man sich selbst kritisch äußert. Heikle Themen sind: das Miteinander der Völker, die Bevorzugung der Malaien, die Vormachtstellung des Islam. Unproblematische Themen sind Essen, Sport und Business.

Unterwegs

Das Straßennetz in West-Malaysia gehört mit zu den besten in Südostasien. In Ost-Malaysia steckt es vergleichsweise noch in den Anfängen, wird jedoch ständig ausgebaut. In Sarawak dienen die großen Flüsse oft bis weit ins Land hinein als Verkehrsadern.

Wo immer man hin will, öffentliche Verkehrsmittel fahren. Im Prinzip rumpeln Busse bis in den letzten Kampung, es ist nur eine Frage der Zeit. Die Preise sind niedrig, wenn auch höher als in den Nachbarländern Thailand und Indonesien, aber schließlich verdienen die Leute in Malaysia auch mehr Geld.

... mit dem Bus

Der Bus ist das meistgebrauchte öffentliche Verkehrsmittel. Wenn Sie sich den Busbahnhöfen (**Perhentian Bas**) nähern, kommen Ihnen schon die "Aufreißer" (engl. **touts**) entgegen. Ist man bequem, nennt man ihnen nur das Ziel und wird dann zu einem Agenten gefahren, wo die Fahrkarten **(tiket)** ausgestellt werden.

Die Busse sind durchwegs Expreßbusse **(bas Ekspres),** die unterwegs etwa alle 2 Stunden irgendwo an einem Lokal für etwa 20 Minuten halten, auch die Nachtbusse **(bas malam).**

An Wochenenden, vor allem zu Ferienbeginn und vor bzw. am Ende der großen Festtage, ist halb Malaysia unterwegs. Da heißt es **balik kampung** (= ins Heimatdorf zurückfahren). Dann sind reguläre Busse schwer zu bekommen, aber dann tauchen jede Menge zusätzlicher Busse auf, die keiner Busgesellschaft gehören, sondern einfach Reisebus **(bas pesiaran)** heißen.

s(e)tesyen bas	Busbahnhof
(per)hentian bas	Bus-Terminal , Bus-Haltestelle
bas ekepres	Expreßbus
bas malam	Nachtbus
bas pesiaran	Reisebus
bas kilang	Werksbus
bas sekolah	Schulbus
sewa khas	Sonderfahrt
bas mini	Minibusse in KL
tiket	Fahrkarte
tempat (duduk)	(Sitz-)Platz
duduk	sitzen
nombor tempat duduk	Sitznummer
(di)tutup / (di)buka	geschlossen / geöffnet
penuh / kosong	voll / unbesetzt, leer
ketua stesyen	Bahnhofsvorsteher
naik / turun	einsteigen / aussteigen
berhenti	anhalten
berlepas, bertolak / tiba	abfahren / ankommen
agaknya	ungefähr
panduan bas	Bus-Fahrplan
duit syiling	passendes Kleingeld ("Schilling")
beritahu, mem-	(Bescheid) sagen

Pukul berapa bas ke … berlepas / bertolak?
Schlag wieviel Bus nach ... abfahren?
Um wieviel Uhr fährt der Bus nach ... ab?

Di mana boleh saya membeli tiket untuk bas ke … ?
in wo kann ich kaufen Karte für Bus nach ...?
Wo kann ich eine Fahrkarte für den Bus nach ... kaufen?

Dari manakah bas ke ... berlepas?
von wo-? Bus nach ... abfahren
Wo fährt der Bus nach ... ab?

Berapa jam ke . . .
wieviel Stunden nach ...
Wieviel Stunden sind es nach ..?

Pukul berapa agaknya bas ke ... akan tiba.
Schlag wieviel ungefähr Bus nach ... wird ankommen
Wann etwa wird der Bus in ... ankommen?

Pukul berapa bas dari ... akan tiba.
Schlag wieviel Bus von ... wird ankommen?
Um wieviel Uhr wird der Bus aus ... eintreffen?

Adakah tempat duduk ini berempunya. (eleganter)
haben-? Platz sitzen dieser besetzt
Ist dieser Platz besetzt?

Tempat duduk ini ada orang atau tidak. (einfacher)
Platz sitzen dieser haben Mensch oder nicht
Ist dieser Sitzplatz frei oder nicht?

Masihkah ada tempat duduk untuk bas ke ...
noch-? haben Platz sitzen für Bus nach ...
Haben Sie noch einen Platz im Bus nach ... ?

Minta maaf, bas untuk ke . . . sudah penuh.
bitte Verzeibung, Bus für nach ... schon voll
Leider ist der Bus nach ... schon voll.

Pada pukul berapa ada bas lain.
um Schlag wieviel haben Bus weiterer
Um wieviel Uhr gibt es noch einen Bus?

Bolehkah saudara memberitahu saya di mana saya harus turun.
können-? Bruder bescheidsagen ich in wo ich muß aussteigen
Können Sie mir bescheid sagen, wo ich aussteigen muß?

Saya mau turun di ...	**Turun di sini.**
ich wollen aussteigen in ...	*aussteigen in hier*
Ich möchte in ... aussteigen.	Ich steige hier aus.

(Selbst Expreßbusse lassen Sie irgendwo auf freier Strecke raus, wenn Sie es wollen.)

... mit dem Taxi

In Malaysia gibt es die angenehme Sitte der **Sammeltaxis.** Sie sind um die Hälfte teurer als die Busse, fahren jedoch jederzeit ab, wenn vier Fahrgäste beisammen sind (hinten 3, vorne 1). Der Preis ist festgelegt. Sammel-Taxis bringen Sie ggf. bis vor die Haus- bzw. Hoteltür, was die Mehrkosten vielleicht schon ausgleicht, außerdem sind sie meist schneller als Busse.

In KL benutzen die Taxifahrer heute fast alle das Taxameter (außer am Bahnhof, wenn sich ihnen unerfahrene **orang putih**, sprich Weiße, nähern. Wenn die Fahrer den Preis aushandeln wollen, steigen Sie lieber aus; Sie werden nur beschummelt). Zur Hauptverkehrszeit machen Taxifahrer in KL übrigens gern Pause!

Taxameter sind heute auch in anderen Großstädten Malaysias vorgeschrieben, aber die Taxifahrer benutzen sie nicht, sondern nennen einen Fahrpreis, der teilweise die evtl. leere Rückfahrt einbezieht. Fragen Sie, wenn möglich, Einheimische nach dem üblichen Preis.

teksi	Taxi
berapa harga ke ...	Was kostet es nach ... ?
mahal, ... ringgit cakup	teuer, ... Dollar sind genug
ta' boleh!	Kann ich nicht! (dann weitersuchen)
o.k., o.k.	akzeptiert
ke kiri / ke kanan	nach links / nach rechts
terus / belok	geradeaus / abbiegen
behenti di sini/sana	halten Sie hier/dort

... mit dem Zug

Die gute Eisenbahn **Keretapi Tanah Melayu (KTM)** erinnert trotz Modernisierung noch an die Kolonialzeit. Verspätungen sind häufig. Wegen der Schmalspur und meist eingleisigen Bahnstrecke ist die Geschwindigkeit nicht hoch und Wartezeiten an Bahnhöfen, wenn der Gegenzug abgewartet werden muß, manchmal lang. Dennoch ist die Fahrt mit dem Expreß von Butterworth nach Kuala Lumpur recht schnell und sehr bequem. Auch in der dritten Klasse sitzt man weich. Ab 2. Klasse müssen die Plätze in der Regel reserviert werden (für den Expreß). Die Schienenbusse **(rel bas)** haben nur 3. Klasse - und Frischluft aus offenen Fenstern.

keretapi / tren	Eisenbahn / Zug
stesen keretapi	Bahnhof
ketua stesen	Bahnhofsvorsteher
bertolak / tiba	Abfahrt / Ankunft
kelas satu, dua, tiga	1., 2., 3. Klasse
hawa dingin	mit Air-Condition
jadual waktu / pertanyaan	Fahrplan / Auskunft
penumpang	Fahrgast, Passagier
perkhidmatan	Service
sah	gültig
tempahan dahuluan	Reservierung
perjalanan	Fahrt, Reise
hilang	verlieren (z.B. **tiket**)
potongan	Discount
sekeluarga (minimum 4 orang ahli)	eine Familie (mind. 4 Personen)
penuntut	Studenten
tiket platform	Bahnsteigkarte
barang penumpang	Gepäck
koc restorant	Speisewagen
tempat tidur	Liegeplatz

koc tempat tidur	Liege-, Schlafwagen
bawah / atas	unten / oben
tambang penumpang	Fahrpreis
Ekspres Antarabangsa	Internationaler Expreß (Butterworth - Bangkok)
bayaran / paspot	Gebühr / Reisepaß
kastam / imigresen	Zoll / Einreise
utara / selatan	Norden / Süden
barat / timur	Westen / Osten

urusan perjalanan antarabangsa
Vorschriften für internationale Reisen

Tiada perkhidmatan pada Hari Ahad.
nicht-haben Dienst am Sonntag
Kein Zugbetrieb am Sonntag (oder ein bestimmter Zug fährt dann nicht)

... mit dem eigenen Fahrzeug

Nun, kaum jemand wird für die Reise das eigene Fahrzeug von zuhause mitbringen. Es gibt aber internationale und nationale Mietwagenfirmen, die Fahrzeuge zu den üblichen Bedingungen ausleihen. Wenn man zu mehreren reist, kann das durchaus sinnvoll sein.

Auf Langkawi gibt es sowohl Motorräder als auch Fahrräder zu leihen. Die Bedingungen sind einfach: Man hinterlegt den Paß, bekommt einen Helm (Helmpflicht bei Motorrädern, Anschnallpflicht in Autos; sonst Strafe: RM 50) und fährt los, tanken muß man selbst. Aber bitte vorsichtig fahren!

motokar, kereta	Auto, Wagen
motosikal	Motorrad
sewa, menyewa	(ver) leihen
bengkel	Werkstatt

rosak	kaputt, beschädigt
lesen memandu	Führerschein
polis / mata-mata	Polizei / Polizist
tercedera / terkorban	Verletzte(r) / Opfer
minyak bensin	Benzin
stesyen minyak	Tankstelle
motor / pekam	Motor / Bremse
lori	LKW
basikal	Fahrrad
pinjam, meminjam	borgen
membaiki kereta	Autoreparatur
insuran	Versicherung
balai polis	Polizeiwache
kemalangan	Unfall
tercedera parah	Schwerverletzter
mati	tot
minyak	Öl
alat ganti	Ersatzteil
tayar	Reifen

Für die einzelnen Fahrzeugteile reichen die englischen Begriffe, die werden im allgemeinen verstanden bzw. verwendet.

Di mana boleh saya menyewa motosikal?
in wo können ich leihen Motorrad
Wo kann ich ein Motorrad leihen?

Berapakah bayarnya untuk sehari.
wieviel-? zahlen-sein für einen-Tag
Was kostet es für einen Tag?

Di mana ada stesen minyak/bengkel kereta.
in wo haben Station Öl/Werkstatt Wagen
Wo gibt es eine Tankstelle/Werkstatt?

Motosikal saya (sudah) rosak .
Motorrad ich (schon) kaputt
Mein Motorrad ist (schon) kaputt.

Verkehrshinweise:

AWAS	Achtung, Vorsicht
KURANGKAN LAJU	Langsamer
JALAN MATI	Sackgasse
KAWASAN KEMALANGAN	Unfallgegend
KANAK MELINTAS	Kinder kreuzen
LINTASAN KERETAPI	Eisenbahnkreuzung
IKUT KIRI	Links halten
JALAN SEHALA	Einbahnstraße
BERHENTI	Stop
KAWASAN BANJIR	Überschwemmung
DILARANG MEMOTONG	Überholen verboten

Malaysier fahren recht undiszipliniert, überholen oft an unübersichtlichen Stellen, zwingen entgegenkommende Fahrzeuge dadurch zum Abbremsen oder Ausweichen. Links wird auch schon mal überholt (in Malaysia herrscht Linksverkehr). In der Unfallstatistik liegt Malaysia sehr hoch oben. Alkoholkontrollen gibt es selten.

Rechnen Sie auch damit, daß Ihnen links am Straßenrand unbeleuchtete Fahrräder (die Regel) und gelegentlich auch Motorräder entgegenkommen. Die Fahrzeuglampen werden in Malaysia erst sehr spät eingeschaltet.

... zu Fuß

In **Sarawak** sind lange Fußmärsche von den Punkten, wo es mit dem Boot nicht mehr weitergeht oder von den kleinen, verstreut gelegenen Landepisten für die MAS-Twinotter noch die Regel. Wo immer man vorbeikommt, wird man gefragt: **Dari mana, mau ke mana?** (= woher, wohin des Wegs?). Das dient der Sicherheit und der Neugier gleichermaßen. Zu Fuß können wir natürlich auch sonst in Malaysia sein:

Adakah jalan ini jalan ke ...?
ist-? Weg dieser Weg nach ...?
Ist dies der Weg nach . . . ?

Berapa jauh agaknya Pa'tik dari sini?
wieviel weit ungefähr Pa'tik von hier?
Wie weit ist es etwa von hier nach Pa'tik?

Kalau kuat jalan, empat jam.
falls stark gehen, vier Stunden
Wenn du schnell gehst, vier Stunden.

Lebih kurang sebatang rokok!
mehr weniger eine-Stange Zigarette
Etwa eine Zigarettenlänge weit! (aber Vorsicht: Sie denken vielleicht, das sind 5 - 10 Minuten; bei den **Orang Asli** kann das ein ganzer Tag sein, denn viele haben die Gewohnheit, die Zigarette nach ein paar Zügen wieder auszumachen, und da hält die Zigarette eben einen vollen Tag!)

Lebih kurang setanak nasi.
mehr weniger einmal kochen Reis
Solange, bis der Reis gekocht ist (also etwa eine halbe Stunde). Malaien geben tatsächlich solch "konkrete" Zeitangaben.

Adakah jalan untuk saya mendaki gunung itu?
geben-? Weg für ich besteigen Berg jenen?
Gibt es einen Weg über den ich den Berg dort besteigen kann?

Bolehkah saudara / Encik / Puan tolong saya.
können-? Bruder / Herr / Frau helfen ich
Können Sie mir helfen?

Bagaimanakah saya boleh ke sana.
wie-? ich können nach dort
Wie kann ich dort hinkommen?

berapa jauh / lama
Wie weit / lange (dauert es)?

Wollen Sie in einem Kampung übernachten, fragen Sie nach dem Chef: **pengulu kampung,** in einem Sarawak Langhaus **(rumah panjang)** nach dem **ketua rumah**.

Bolehka kami bermalam di sini.
können-? wir übernachten hier
Können wir hier übernachten?

Vielleicht werden Sie auch eingeladen:
Jemputlah datang ke rumah.
einladen-doch kommen nach Haus
Ihr seid eingeladen, in (mein) Haus zu kommen.

Singgahlah ke rumah saya.
besuchen-doch zu Haus ich
Kommt doch zu Besuch in mein Haus / Besucht doch mein Haus.

Sudikah bermalam di rumah saya?
zufrieden-? übernachten in Haus ich
Mögt ihr in meinem Haus übernachten?

Kleine Souvenirs **(cenderamata / buah tangan** = Handfrucht) sind natürlich immer gern gesehen. In abgelegenen Orten sind auch Dinge des täglichen Lebens sinnvoll.

Nützliche Vokabeln:

kawasan	Gegend	**indah**	schön
bukit	Hügel	**gunung**	Berg
hutan	Wald	**rimba**	Dschungel
hujan	Regen	**sungai**	Fluß
air terjun	Wasserfall	**mata air**	Quelle
puncak	Gipfel	**kemuncak**	Gipfel
tasik	See	**laut**	Meer

pantai	Küste,Strand	**pulau**	Insel
cuaca	Wetter	**goa**	Höhle
cerah	klar	**mendung**	bewölkt
matahari	Sonne	**bulan**	Mond
bintang	Sterne	**kilat / taufan**	Blitz / Taifun

hutan simpan	Waldschutzgebiet
hutan bakau	Mangrovenwald
ke atas	nach oben, zum Gipfel
turun	absteigen
berenang / kolam (be)renang	schwimmen / Schwimmbad
langit, angkasa / hujan lebat	Himmel / Wolkenbruch
awan, pokok hujan	Wolke *(Regenbaum)*
banjir	Flut, Uberschwemmung
membanjiri	überflutet, überschwemmt

pohon	Baum	**bunga**	Blume, Blüte
serangga	Insekten	**gajah**	Elefant
harimau	Tiger	**kera, monyet**	Affe
buaya	Krokodil	**burung**	Vogel
rusa	Rehwild	**ular(- bisa)**	(Gift-)Schlange
kupu-kupu	Schmetterling	**rama-rama**	Schmetterling

... in der Stadt

jabatan imigresen	Immigrationsbehörde
kedutaan / farmasi	Botschaft / Apotheke
rumah ubat	Geschäft für trad. Medikamente
panggung wayang	Kino
tayangan gambar	Film
kampung, desa / daerah	Kampung, Dorf / Bezirk
negeri / negara	(Bundes-)Staat / Nation

bandar, kota / pusat bandar	Stadt / Stadtzentrum
bandaraya	Großstadt
muzium / pejabat pos	Museum / Postamt
masjid	Moschee
zoo, taman binatang	Zoo (**binatang** = Tier)
pasar (malam)	(Nacht-)Markt
kedai	Laden
jambatan	Brücke
kuil / tokong	Hindu-Tempel / buddh. Tempel
gereja	Kirche
universiti	Universität
dilarang masuk	Zutritt verboten
jagalah kebersihan	achtet auf Sauberkeit

Straßenbezeichnungen:
Bei uns gibt es Bezeichnungen wie -straße, -gasse, -allee. Im Malaiischen gibt es über dreißig verschiedene Variationen. Sie müssen beim Aufsuchen einer Adresse genau darauf achten: **Jalan Penang** und **Lebuh Penang** z. B. sind zwei völlig verschiedene Straßen. Hier die häufigeren Bezeichnungen:

Bulatan	Kreis(el)
Cangkat	niedriger Hügel
Hala	Weg
Halaman	Hof
Jalan, Lebuh	Straße
Lebuhraya	Autobahn
Lengkok	gewundene, bergaufführende Straße
Lorong	Gasse
Medan	Platz
Pengkalan	Kai
Persiaran / Regat	Durchfahrt / Gang

Simpangan	Kreuzung
Taman	Park, Garten
Tanjung	Kap
Tangkat	Terasse

Übernachten

In den chinesisch geprägten Städten gibt es im Zentrum stets eine Reihe billiger chinesischer Hotels, die spartanisch eingerichtet aber oft sauber genug sind. Nicht selten reichen die Wände nicht bis zur Decke, dann bestreichen die Deckenventilatoren mehr als ein Zimmer. Wegen ihrer zentralen Lage sind sie meist laut, es sei denn, die Zimmer liegen nach hinten. Manche solcher Billig-Hotels **(rumah tumpangan)** haben tagsüber in der unteren Etage Prostitutionsbetrieb (Frauen mieten sich ein Zimmer und schaffen an).

An Urlaubsorten am Meer gibt es zunehmend Bungalow-Anlagen, oft recht einfach, aber für Traveller zumeist akzeptabel.

Landschaftlich in schöner Lage, also abseits des Stadtzentrums, liegen die aus der Kolonialzeit stammenden **Government-Resthouses (rumah rehat kerajaan),** die Touristen außerhalb der Ferienzeit zur Verfügung stehen. Sie sind nicht luxuriös eingerichtet, haben aber meist große Zimmer und immer noch koloniale Atmosphäre.

Adakah bilik kosong?
haben-? Zimmer leer
Haben Sie ein freies Zimmer?

Untuk berapa orang?
für wieviel ***Mensch***
Für wieviel Personen?

Untuk tiga orang / untuk saya sendiri saja.
für drei Mensch / für ich selbst nur
Für drei Personen / Für mich allein.

Saya ingin melihat biliknya dulu.
ich wünschen sehen Zimmer-sein vorher
Ich möchte das Zimmer vorher sehen.

Silakan ikut saya.
bitte folgen ich
Bitte folgen Sie mir.

Tolong bersihkan bilik saya.
bitte säubern Zimmer ich
Bitte machen Sie mein Zimmer sauber.

Berapa harga untuk bilik ini.
wieviel Preis für Zimmer dieses
Wie teuer ist dieses Zimmer?

Saya mau tinggal dua malam.
ich will bleiben zwei Nacht
Ich möchte 2 Nächte bleiben.

Saya mau bertolak esok.
ich wollen abreisen morgen
Ich will morgen abreisen.

Bolehkah saya menyimpan paspot saya di sini / dengan saudari?
können-? ich aufbewahren Paß ich in hier / mit Schwester
Kann ich hier / bei Ihnen meinen Paß aufbewahren?

Di dalam bilik ada nyamuk; adakah kelambu?
in innen Zimmer haben Moskito; haben-? Moskitonetz
Im Zimmer gibt es Moskitos, haben Sie ein Moskitonetz?

Tolong semburkan bilik saya.
bitte sprühen Zimmer ich
Bitte sprühen Sie mein Zimmer.
Beliebter sind heute die elektr. Verdampfer oder die Spiralen **(mosquito coils).**

Ein traditionelles Bad **(tempat mandi)** besteht aus einem meist gekachelten Becken, das mit Wasser gefüllt ist. Mit einem (Plastik-) Schöpfer schöpft man Wasser und übergießt sich damit. Die Seife darf nie ins Becken gelangen. Alles spielt sich außerhalb des Beckens ab (nicht hineinhocken). Diese Art von Dusche ist praktisch und erfrischend. Einheimische benutzen ihr **mandi** mehrmals täglich.

hotel	Hotel
rumah tumpangan	Billig-Hotel
rumah rehat (kerajaan)	(Staatliches) Gästehaus
guest-house	einfache Traveller-Unterkunft in Städten, oft in Appartments, auch in Singapur
bilik	Zimmer
kosong	leer
penuh	voll
tempat tidur	Bett
tilam	Matratze
bantal	Kissen
cadar	Laken
selimut	Decke
nyamuk / kelambu	Moskito / Moskitonetz
ubat nyamuk	Moskito-Spirale (**mosquito coil**)
sembur, menyembur	sprühen
simpan, menyimpan	aufbewahren
membersihkan	saubermachen
tandas	Toilette
tempat mandi	Bad
buang air, (berak)	"großes Geschäft machen", (kacken)
buang air kecil, (kencing)	"kleines Geschäft", (pinkeln)
wanita, perempuan	Frau
laki-laki	Mann
ibu kunci / (anak) kunci	Schloß / Schlüssel *Schlüssel- Mutter / Schlüssel-Kind*

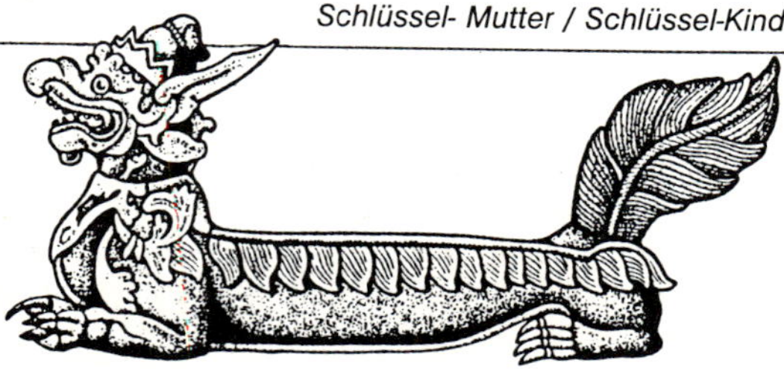

Essen und Trinken

Das ist eines der großen Vergnügen in Malaysia, denn man kann ständig zwischen malaiischer, chinesischer und indischer Küche wählen. Abends öffnen die teilweise großen Nachtmärkte **(pasar malam)** mit einer Vielzahl von Eßständen. Auf englisch heißt dieses Essen **hawker-food,** die Eßstände **food-stalls (gerai makanan)**. In vielen Städten hat man - aus Gründen der Hygiene - die Nachtmärkte großenteils in feste Einrichtungen verlegt, damit alle Eßstände Anschluß an fließend Wasser haben. Aber anderswo werden Sie die **Hawker** immer noch das Plastikgeschirr in kleinen Plastikschüsseln am Boden abwaschen sehen.

In den Eßlokalen **(kedai makanan, kedai kopi)** sind oft mehrere unabhängige Eßstände untergebracht. Im **kedai kopi** (= coffee shop) etwa liefert der Betreiber des Lokals die Getränke **(minuman)** und die in Untermiete eingerichteten Eßstände das Essen **(makanan). Ob pasar malam** oder **kedai kopi:** Sie gehen von Stand zu Stand, suchen sich das Essen aus und setzen sich dann in die Nähe des Standes, von wo das Essen kommt; meist zahlt man bei 'Lieferung' . Die **Hawker** holen sich ihr Geschirr selbst wieder. Es gibt natürlich auch rein malaiische, indische und chinesische Lokale. In diesem zahlt man nach dem Essen und zwar in den malaiischen und indischen meist am Ausgang, in chinesischen am Tisch.

In den malaiischen und indischen Restaurants ist das Essensangebot sichtbar, Sie brauchen nur auf das zu zeigen, was Ihnen zusagt.

• **Malaiische Gerichte** bestehen aus Reis **(nasi)** und Beilagen, z.B. gebratenem Fisch **(ikan goreng),** oft in würziger Sauce; oder Krabben **(udang),** Tintenfisch **(sotong)**, Rindfleisch **(daging lembu,** köstlich das **rendang)**, stets Huhn **(ayam)**, oft Ziege **(kambing)**, dazu verschiedene Arten von Gemüse **(sayursayuran)**, Salat **(rojak)** und an Eßständen natürlich **satai,** die berühmten holzkohlegegrillten Fleischspießchen in

Erdnußsoße. Einfache malaiische Gerichte sind **nasi campur** (gemischter Reis mit etwa 3 Beilagen), **mee / nasi goreng** = gebratene Nudeln / Reis.

• Die indischen Restaurants bieten meist tamilische, also südindische Küche: entweder Reis und Gemüse auf Bananenblatt (vom Bananenblatt wird mit der rechten Hand gegessen), oder auch **fish-head curry,** oder Fladen aus einer Art Blätterteig **(roti canai)**, die mit Curry-Soße und / oder Fleisch (je nach Wunsch: Huhn, Ziege, Fisch, in islamisch–indischen Lokalen auch Rind) serviert werden. An indischen Eßständen gibt es Mehlfladen **(Chapatti)** mit Curries und Gemüsen oder die mit Ziegen-Hackfleisch, Ei und Zwiebeln gefüllten **Murtabak.** Die schmackhafte nordindische Küche mit den im **Tandoor** gegarten Hühnerteilen, Hackfleischspießchen und dem unnachahmlichen, manchmal mit Knoblauch gefüllten Fladenbrot **(naan)** ist in größeren Städten auch vertreten.

• Die **Chinesen** bieten eine Riesenauswahl, nur muß man meist wissen, was man will; lassen Sie sich beraten. Am besten und billigsten ißt man zu vielen um einen runden Tisch; in billigen Lokalen kann man da mehr als ein halbes Dutzend Gerichte für weniger als RM 5.00 bekommen. Essen Sie nur zu zweit, bestellen Sie sich **"sing jay fan" (economy rice),** das kann sehr billig sein.

Übrigens, das Äußere der Lokale, gerade der chinesischen, sagt nichts über die Qualität aus. Hinter einer einfachen, fast primitiven Fassade kann sich bessere Kochkunst verstecken als in einem guten Luxushotel. Die Leute wissen das: Wo es voll ist, gibt es gutes Essen. Das gilt immer, außer an den "Raststätten", wo die Reisebusse halten.

Apa makan / minum?
was essen / trinken?
Was wollen Sie essen / trinken?

Ini apa?
dies was?
Was ist das für ein Gericht?

Saya mau nasi dan ikan ini, sotong itu dan sayur itu.
ich will Reis und Fisch diesen, Tintenfisch jenen und Gemüse jenes
Ich möchte Reis mit diesem Fisch, dem Tintenfisch und dem Gemüse.

Dabei zeigt man auf das gewünschte Gericht. Wollen Sie noch mehr, sagen Sie **satu lagi** (= eins mehr). **Daftar makanan** (= Speisekarte) gibt es nur in Restaurants in gedruckter Form, in einfachen Lokalen verkündet eine Tafel an der Wand, was es gibt.

makan, makanan	Essen, Gericht, Mahlzeit
makan pagi / siang / malam	Frühstück / Mittag- / Abendessen
minum / minuman	trinken / Getränke
panas / dingin	heiß / kalt
pedas	scharf gewürzt
manis / masam	süß / sauer
pahit / asin	bitter / salzig
sedap	lecker, köstlich
rumah makan	Restaurant
kedai makan/kopi	Eßlokal, Coffee-Shop
pasar malam	Nachtmarkt
gerai makan	Eßstand
pelayan	Bedienung
(mem)bayar	bezahlen
piring / pinggan	kl. Teller / (Porzellan-)Teller
gelas	Glas
cawan	Becher
pisau	Messer
	(**parang** = Haumesser, Machete)

garpu / senduk	Gabel / Löffel
mengakali	kochen (Gericht)
merebus	kochen (Flüssigkeit)
masak	gekocht, zubereitet, reif (Obst)
masakan	Gericht
jurumasak	Koch/Köchin
goreng	braten, gebraten
sedia	fertig, zubereitet

Fleisch

daging	Fleisch
babi(hutan)	(Wild-)Schwein
lembu / kerbau	Rind / Wasserbüffel
kambing	Ziege, Hammel
ayam / itik	Huhn, Hähnchen / Ente
merpati	Taube
hati / usus	Leber / Eingeweide

"Sea food"

ikan / ikan air tawar	Fisch / Süßwasserfisch
ikan sungai / ikan laut	Flußfisch / Meeresfisch
ikan kering	Trockenfisch
udang	Krabben
udang karang	Hummer (karang = Koralle)
kepiting	Krebs
kepah, kerang	Muscheln
sotong / tiram	Tintenfisch / Auster

Gemüse

sayur-sayuran	Gemüse
ubi kentang	Kartoffel
sayur kubis	Kohl
lobak merah	Karotten
sayur hijau	grünes Gemüse (viele Arten Grünzeug)
bayam / timun	Spinat / Gurken, Kürbis, etc .
bawang	Zwiebel
bawang putih	Knoblauch *(Zwiebel weiß)*
kacang / petai	Bohnen / Dschungelbohne (stinkend, bitter, aber sehr beliebt)
nangka / halia	Jackfruit / Ingwer
ubi	Taro, Yam (kartoffelähnliche Knollen)
ubi kayu	Tapioka, Cassava (stärkehaltig, nährstoffarm, Grundnahrungsmittel vieler **Orang Asli** in West-Malaysia)
sagu	Sago (Mark der Sagopalme, Grundnahrungsmittel der Penan in Sarawak)
kedai makanan sayur-sayuran	vegetarisches Lokal

Grundnahrungsmittel

nasi	Reis (gekocht; auf dem Feld heißt er **padi,** ungekocht **beras)**
mi, me, mee	gelbe, lange Weizennudeln, ähnlich Spaghetti
kueyteow	breite weiße Reisnudeln
bihun, beehoon, mihun	dünne Reisnudeln
roti / tepung	Brot, Kuchen / Mehl

Gewürze

rempah-rempah	Gewürze
lada / cili	Pfeffer / roter Chili
cabai	lange indische Pfefferschoten
Sambal	zerstampfte Mischung aus Schalotten, Ingwer, Knoblauch, Chilis, die gebraten wird
garam	Salz
belacan / kecap	Würzpaste / Sojasoße
ikan bilis	winzige getrocknete Sardellen, werden als salzig schmeckendes Gewürz zusammen mit Erdnüssen (**kacang tanah**) gegessen, z.B. beim beliebten Frühstücksgericht **nasi lemak**
gula	Zucker
gula melaka	brauner Kokosnußzucker
kuah / santan	Soße / Kokosnußmilch

Sonstiges

telur (goreng / rebus)	(gebratenes / gekochtes) Ei
telur (setengah masak)	Ei (weich gekochtes)
telur dadar	Omelette
kuih	Süßspeise (vielfach mit Kokosmilch zubereitet) Kuchen, etc.
ABC = air batu campur	(sagen die Malaien korrekt),
ais kacang	(sagen die anderen nicht ganz korrekt): Raspeleis mit Bohnen, Maiskörnern, agar-agar, manchmal Obststücken, Eiscreme, Kokosmilch, Kondensmilch – köstlich und billig
gula-gula	Bonbons

Obst

Die beliebtesten Früchte der Malaysier sind die importierten Orangen und Äpfel, obwohl sie teurer sind als bei uns in der Saison. Trotzdem kann es keine Frucht mit der oft leidenschaftlich geliebten Durian aufnehmen, einer stinkenden, im Inneren cremigen Dornenfrucht (**duri** = Dorn), die weder in Hotels noch in Flugzeugen mitgenommen werden darf. Ein schönes Schauspiel, wie die Leute sie vor dem Stand am Boden hockend beschnuppern und beklopfen.

- **mangis** (= Mangostane), die purpurfarbene (Vorsicht: Flecken der Schale gehen nie wieder raus) Frucht, mit weißem, köstlich erfrischendem, süßsauren Fruchtfleisch;
- **mangga** (= Mango) gibt es in vielen Formen und Größen, rund und länglich, mit weißem oder gelbem bis rötlichen Fruchtfleisch;
- **pisang** (= Banane). Es gibt rund 40 Arten, teils zum so essen, etwa **pisang mas, -rastali, -raja,** teils zum Kochen (**pisang abu, -awak, -tanduk**).
- **nangka, cempedak** (= Jackfruit), bis 50 cm groß, roh oder gebraten zu essen.
- **limau bali** (= Pomelo) . Berühmt sind die von Tambun bei Ipoh; eine Art Pampelmuse, aber weniger sauer und bitter;
- **rambutan:** haarige rote oder gelbgrüne Frucht (**rambut** = Haar) mit weißem süßen Fruchtfleisch um glatten Kern, ähnlich **Lychee.**
- **nanas, nenas:** Ananas;
- **papaya:** reich an Vitamin A, C, schmeckt am besten mit ein paar Tropfen Limonensaft (**limau**);
- **semangka** (= Wassermelone), deren Kerne (= **kuaci)** geröstet und gern geknabbert werden;
- **langsat, duku:** bräunlich, innen weißes süß-saures Fruchtfleisch;
- **jambu batu** (= Guava), schmecken apfelähnlich, vitaminreich;
- **jambu air mangar** (= Rosenapfel), sehen aus wie Paprika, sind süß, wässrig;

• **ciku** (= Sapodilla), gelblich bis rosa-braune Frucht mit weichem Fruchtfleisch, beliebt als Nachtisch.

Die übliche Obstplatte nach dem Essen besteht jedoch nur aus Wassermelone, Papaya und Ananas, je nach Saison vielleicht noch Mango, mit Eisstücken zur Kühlung belegt.

air buah	(Obst-)Saft
air	Wasser
ais	Wasser mit Eiswürfeln; nicht korrektes Malaiisch, aber praktisch: bestellen Sie **air** gibt es keine Eiswürfel, bei **ais** werden sie mitgeliefert (sie sind unbedenklich genießbar; **air beku** = Wassereis)
air limau	Limonensaft (mit Zuckercouleur gesüßt, die kommt in alle Säfte)
air kelapa muda	durststillendes Wasser der jungen Kokosnuß
air tebu	Zuckerrohrsaft

An **air** oder **ais** hängt man also lediglich den Namen der Frucht, die man als Saft haben will. (Beliebt sind außer Limonensaft Apfel-, Starfruit-, Guava-, Karotten-, Orangensaft.)

Getränke

air minum	Trinkwasser
teh / kopi	Tee / Kaffee (sagt man nur dies, bekommt man Tee bzw. Kaffee mit süßer Kondensmilch)
kopi / teh oh	(**oh** = ohne): süß ohne Milch
- ais	- mit Milch und Eis
- oh ais	- ohne Milch und Eis

kopi kosong	schwarzer Kaffee ohne Zucker
teh tawar	Tee ohne **alles**
bir	Bier (wird auch mit **Eis** angeboten)
tuak	Palmwein, Toddy; meist aus den weibl. Blüten der Kokospalme gewonnen, nach Fermentierung geringer Alkoholgehalt
teh China	ungesüßter chin. Tee, mit oder ohne Eis, paßt gut zum chinesischen Essen, neutralisiert

Tischsitten

• Finden Sie in einem Lokal keinen freien Tisch, setzen Sie sich einfach an einen besetzten Tisch mit genügend freien Plätzen, man wird sich auch zu Ihnen setzen.

• Naseputzen und lautes Räuspern bei Tisch gelten als unhöflich, ggf. auf die Toilette gehen; Zahnstocher mit vorgehaltener Hand benutzen; zum Gähnen, Husten usw. ebenfalls die Hand vorhalten.

• Beim Essen auf dem Nachtmarkt nicht Geschirr von Moslemessen und chinesischem Essen mischen: Moslems ekeln sich vor allem, was mit Schweinefleisch in Berührung kam.

• Bei Bananenblatt-Gerichten zeigt man durch Falten des Blattes, daß man fertiggegessen hat (sonst kommt laufend jemand zum Nachservieren).

• Wird man eingeladen, läßt man den Gastgeber das Essen zusammenstellen.

• Bei Malaien zuhause wird vor dem Essen nichts getrunken. Die Hausfrau ißt oft anschließend.

• Bei **Indern** unterhält man sich erst und trinkt etwas bevor das Essen serviert wird. Auch bei Indern essen die Hausfrauen meist hinterher. Vor- und nachher Hände waschen. Wenn alle mit den Händen essen, versuchen Sie es auch. Die Schöpfkellen und Löffel zum Servieren dürfen den eigenen Teller nicht berühren, sonst sind sie unrein.

• Bedanken nach dem Essen gilt als "Bezahlung": Sagen Sie also nur, wie gut es geschmeckt hat.

• Chinesen gehen gern zum Essen aus; kein Wunder angesichts der Mühe für mehr als ein halbes Dutzend Gänge. Sind Sie eingeladen, lassen Sie sich den Platz zuweisen. Meist wird Tee (ungesüßt) getrunken, Bier ist zumindest unter Männern beliebt. Stäbchen nie ins Essen stecken (sieht aus wie Räucherstäbchen vor dem Altar), sondern z.B. auf die Reisschale legen. Nicht den letzten Bissen vom Teller in der Mitte nehmen.

Ansonsten machen Sie es wie die anderen!

Einkaufen

Grundsätzlich kann man überall dort handeln, wo es keine Festpreise gibt, vor allem auf Märkten, es sei denn, der Preis (z. B. für eine bestimmte Menge Obst) ist angegeben. Auch in den zahlreicher werdenden Einkaufszentren in KL oder Penang kann gehandelt werden.

In Malaysia wird in der Regel nicht lautstark gefeilscht. Handeln ist ein Spiel, kein Kampf, beide Seiten sollten Grund zum Lachen haben. Es darf ruhig temperamentvoll gespielt werden, nur nicht verkrampft.

Boleh tunjunkkan saya yang lain.
können zeigen ich welches anderes
Können Sie mir etwas Anderes zeigen?

Tolonglah bagi murah sikit.
bitte-doch geben billig etwas
Mach es doch bitte etwas billiger.

(tidak) suka
(nicht) mögen
Es gefällt mir (nicht).

Saya mau beli ...
Ich will ... kaufen.

Saya ingin beli ...
Ich möchte ... kaufen

Bolehkah saya membeli ...
Kann ich ... kaufen?

Siapa menjual?
Wer verkauft . . . ?

Di mana boleh saya membeli ... ?
Wo kann ich ... kaufen?

harga paling murah / harga mati
Preis am meisten billig / Preis tot
Tiefstpreis / letzter Preis

Saya mau tengok dan lihat macam mana ianya dibuat.
ich wollen anschauen und sehen Art wo es gemacht
Ich möchte zuschauen, wie es hergestellt wird.

beli, membeli	kaufen
jual, menjual	verkaufen
penjual	Verkäufer(in)
pasar	Markt
kedai	Geschäft, Laden
gerai	Marktstand
barang-barang	Waren
harga (asal / tetap)	Preis (regulärer / fester)
mahal, murah	teuer, billig
membuat, dibuat	herstellen, hergestellt
macam	Art, Sorte, Qualität
potongan / diskaun	Discount
mengurangkan	verringern

Waren

kain	Stoff
pakaian	Kleidung
kain batik	Batikmaterial
kemeja / sal batik	Batikhemd/-schal
sutera	Seide (importiert)
membatik	Batik herstellen
kain songket	gewebter Brokatstoff (malaysische Spezialität)

songkok	Kopfbedeckung malaiischer Männer (ursprünglich indisch); nicht zu verwechseln mit dem weißen Haji-Käppi, über dem übrigens kein Motorradhelm getragen werden muß
(kain) sarung	Sarong(-stoff), auch: Rock
baju (Melayu)	Staatstracht der malaiischen Männer: schwarzes Hemd, schwarze Hose, Ziersarong aus Brokat um die Taille geschlungen
baju (kurung, kebaya)	lange Bluse über dem Sarong, Kleidung der Malaiinnen
cincin (tanda)	(Verlobungs-)Ring
anting-anting	Ohrring
rantai	Kette
leher	Halskette
tangan	Armband
kalung	goldene Halskette
keris	Kris, malaiischer Dolch
parang	Haumesser für den Dschungel
gasing, wau	Kreisel, Drachen (Wettkampf-Spiele in Kelantan). Die Kreisel sind allerdings kiloschwer.
ukiran kayu	Holzschnitzerei (z.B. der Orang Asli oder Iban)
patung, topeng	Figur, Maske
sumpitan	Blasrohr
beg	Tasche, Beutel
alas meja	Tischdecke
wayang kulit	Schattenspiel(-figur)
lukisan	Gemälde, Zeichnung
bambu, buluh	Bambus
pandan	die gefärbten, getrockneten Blätter werden zur Herstellung von Matten und Körben verwendet

bakul, rantang	geflochtener Beutel/Korb
timah	Zinn (Gegenstände heißen jedoch **pewter**)
cap perusahan	(Handels-)Marke
perdagangan	Handel
dagangan	(Handels-) Artikel
impot / menimpot	Import / importieren
ekspot / menekspot	Export / exportieren
barang impot/ekspot	Importware / Exportware
diimpot oleh ...	importiert durch
penghantaran	Lieferung
mengirim/menghantar	schicken / liefern
jumlah	Summe
contoh	Muster
pesan/memesan	Bestellung / bestellen
kiriman	Sendung, Fracht
membalutkan	verpacken (mit Papier)
bungkusan	Päckchen, Paket
bungkus	Beutel

Ämter und Behörden

Als Reisende haben Sie es selten mit Behörden zu tun, vielleicht am ehesten noch mit der Polizei, etwa wenn Ihnen etwas gestohlen wurde, oder mit irgendeinem Immigrations- oder Distriktbüro (in Sarawak etwa, wenn Sie eine Genehmigung zum Besuch bestimmter Orte brauchen). Ich habe nie eine andere Sprache als Englisch benutzt. Im Einzelfall können natürlich ein paar Brocken Malaiisch als Einstieg nützlich sein und Ihr Bemühen anzeigen. Wenn Sie gut Englisch sprechen, haben Sie den Vorteil, daß Sie den meisten Beamten sprachlich überlegen sind. Andererseits wird im schriftlichen Behördenverkehr heute nur noch **Bahasa Malaysia** verwendet. In einem solchen Fall werden Sie Einheimische bitten müssen, Ihnen beim Abfassen und Lesen solcher Schreiben zu helfen.

Jabatan	Regierungsbehörde
pejabat	Amt, Büro
pegawai	Beamter
Jabatan Orang Asli	Orang-Asli-Behörde
Bandan Pencegah Rasuah	Anti-Korruptions-Einheit
askar	Soldat
tentera	Militär
Jabatan Pendaftaran Negara	Einwohner-Meldeamt (Geburt, Heirat, Tod, etc.)
Mahkamah	Gericht(-shof)
Jabatan Alam Sekitar	Umweltbehörde
bomba	Feuerwehr
Jabatan Perikanan	Fischereibehörde
Jabatan Perhutanan	Forstbehörde
Lembaga Lebuhraya Malaysia	Autobahnbehörde
perindustrian kayu	Holzindustrie
kementerian	Ministerium
Kementerian Dalam Negeri	Innenministerium
Kementerian Luar Negeri	Außenministerium
Kementerian Kesihatan	Gesundheitsministerium
parlimen	Parlament
Syarikat Telekom Malaysia	Telekommunikationsgesellschaft
pejabat daerah	Bezirksamt
pegawai daerah	Bezirkspräsident
pengarah	Direktor
pengurus	Manager

Jabatan Kastam & Eksais DiRaja Malaysia
Königliches Zollamt

FELDA (Federal Land Development Agency)
(Lembaga Kemajuan Tanah Persekutuan)
Landesentwicklungsbehörde

Jabatan Imig(e)resen Malaysia
Immigrationsbehörde

Perbadanan Kemajuan Pelancongan Malaysia
Tourismusentwicklungsorganisation

In kleineren Orten sind Ansprechpartner: **pengulu kampong,** der Vorsteher des Kampong, oder Lehrer - **guru.**

pertanyaan	Auskunft
borang	Formular
permohonan	Antrag
nama (huruf besar)	Name (Großbuchstaben)
alamat rumah	Heimatanschrift (**alamat** = Adresse)
jantina	Geschlecht
negeri	Land
tempat diperanakkan	Geburtsort
tarikh diperanakkan	Geburtsdatum
warganegara *(Staatsfarbe)*	Staatsangehörigkeit
kad pengenalan	Paßnummer
bujang	ledig
kahwin	verheiratet
janda	verwitwet bzw. geschieden
agama, ugama	Religion
bangsa	Rasse
tandatangan	Unterschrift

Polizei

Wenn Sie bestohlen wurden, müssen Sie zur nächstgelegenen Polizeiwache **(balai polis)** gehen. Dort wird das Protokoll aufgenommen, das der Polizist (**matamata**) auf Malaiisch abfassen muß. Das wird dann vorgelesen und Sie bestätigen die Richtigkeit durch Unterschrift. Dann wird der Bericht meist nochmals umgeschrieben und dem Chef zur Unterschrift vorgelegt. Manchmal muß man noch zur Zentralwache, um das Formular abzugeben, wenn die zuständige eine Nebenwache ist. Die Angelegenheit dauert Stunden, die Polizisten sind in der Regel aber freundlich. Jetzt gibt es an den wichtigsten

Touristenorten auch die Touristenpolizei - da kann man mit Englisch auf jeden Fall klarkommen. Man erkennt die Polizisten an dem Band mit dem Schachbrettmuster an der Dienstmütze und der Aufschrift "tourist police" auf der Uniform.

pencuri	Dieb, Räuber
mencuri	stehlen
memasuki	einbrechen
tokang seluk kabit	Taschendieb
beg (pakaian)	Tasche (Koffer)
barang-barang (penumpang)	Sachen, Gepäck
paspot	Paß
pundi-pundi	Portemonnaie
anak / ibu kunci	Schlüssel / Schloß
ditutup / dibuka	geschlossen / offen
lapuran	Bericht

Di mana ada balai polis?
Wo ist eine Polizeiwache?

Barang-barang / beg / semua wang saya kena curi.
Gepäck / Tasche / alles Geld ich wurde stehlen
Mein Gepäck / meine Tasche / mein ganzes Geld wurde gestohlen.

Bank

Es ist unwahrscheinlich, daß man auf einer Bank jemals Malaiisch sprechen muß. Dennoch hier ein paar nützliche Vokabeln:

pertakaran wang	Geld wechseln
penukar wang	Geldwechsler
bertukar, menukar	wechseln
wang kembali, kecil	Wechsel-, Kleingeld
wang tunai / cek	Bargeld / Scheck

kiriman wang	Geldüberweisung
berkirim, mengirim wang	Geld überweisen
belum datang	noch nicht (an)gekommen
terlambat	zu spät
kira-kira, akaun	Konto
keluaran	Abbuchung
simpanan	Einzahlung
baki	Bilanz

Geld kann man natürlich auch bei - ausnahmslos - indischen Geldwechslern (**Penukar Wang**) von der Kaste der Chettiars wechseln.

Post

Post und Telegrafenamt sind getrennt. Die **Syarikat Telekom Malaysia** wurde privatisiert. Von den **Pejabat Telegram** aus kann man Telegramme und Telexe verschicken. Muß man Zollerklärungen für Päckchen ausfüllen, stehen Malaiisch und Französisch zur Auswahl.

pajabat pos (besar)	(Haupt-)Postamt
surat udara	Aerogramm (kostet nur 40 sen)
mel udara	Luftpost
surat / poskad	Brief / Postkarte
alamat / alamat pengiriman	Adresse / Absender
bayaran pengiriman	Portogebühr
s(e)tem	Briefmarken
bungkus(an)	Päckchen, Paket
daftar	registrieren
pejabat telegram	Telegraphenamt
telegram, teleks, faks	Telegramm, Telex, Fax

Saya mau mengirim surat dan poskad ini ke Jerman.
ich möchten schicken Brief und Postkarte diese nach Deutschland

Begriffe auf Zollerklärungen:

ikrar kastam	Zollerklärung
penerima	Empfänger
perhatian	Beobachtungen, Bermerkungen
benda	Gegenstand, Objekt
taruh	setzen, anbringen
pangkah	Kreuz (zeichen)
taruh pangkah / tulis	ankreuzen / schreiben
isi (bungkusan)	Inhalt (des Päckchens / Pakets)
pemberian	Geschenk
contoh perdagangan	Warenmuster
negeri asal	Ursprungsland
negeri yang dituju	Zielland
berat bersih / berat penuh	Nettogewicht / Bruttogewicht
nilai	Wert
biasa	normal, hier: Landweg
udara	Luft, hier: Luftweg

Fotografieren

In islamischen Ländern, aber auch sonstwo sollte man Personen entweder mit einem Tele aus diskreter Distanz fotografieren (wenn sie sich unbeobachtet fühlen) oder sie vorher um Erlaubnis fragen:

Boleh saya menggambar / mengambil gambar saudara / saudari?
kann ich fotografieren / nehmen Foto Bruder / Schwester?
Kann ich ein Foto von Ihnen machen?

Saya minta ambil potret dengan saudara/i.
ich bitten nehmen Portrait mit Bruder/Schwester
Ich möchte gern ein Foto mit Ihnen (zusammen) machen.

Boleh tolong berikan saya alamat anda / awak, kerana
können helfen geben ich Adresse Sie / du weil
saya ingin menghantar gambar kepada anda / awak.
ich wünschen schicken Bild zu Sie / du
Können Sie mir bitte Ihre Adresse geben,
weil ich Ihnen/dir das Foto schicken möchte.

kedai gambar	Fotogeschäft
alat ambil gambar *(Instrument nehmen Bild)*	Fotoapparat
kamera	Kamera
filem	Film
mencuci gamba *(waschen Bilder)*	Fotos entwickeln
potret, gambar seseorang	Portrait
gambar	Bild, Foto
gambar, men-/ambil, meng-	fotografieren
hantar, meng-	schicken

Arzt

Ein Arztbesuch dürfte Ihre Malaiisch-Kenntnisse kaum herausfordern, eher schon Krankheit oder eine Verletzung unterwegs im Dschungel oder sonstwo. Dann können ein paar Brocken (fast) lebenswichtig sein. Die ambulante Behandlung in allgemeinen Krankenhäusern (in Großstädten: **hospital besar**) ist übrigens kostenlos, lediglich Medikamente müssen bezahlt werden. In Arztpraxen (**kelinik**) zahlt man meist zwischen RM 10 und 20 pro Behandlung incl. Medikamente (vorher fragen).

sakit, penyakit	krank, Krankheit
sihat, kesihatan	gesund, Gesundheit
rumah sakit	Krankenhaus
Bulan Sabit Merah	Roter Halbmond (islam. Rotes Kreuz)
ambulan	Krankenwagen, Ambulanz
luka	Wunde, Verletzung
tercedera	Verletzte(r) bei Unfall
sakit	Schmerzen, schmerzhaft
perut mencocok	stechende Bauchschmerzen haben
rasa	Geschmack, Gefühl, Empfindung
merasa / perlu	fühlen / brauchen
panggil, memanggil	rufen
doktor (gigi / mata)	(Zahn-/Augen-)Arzt
doktor belah	Chirurg
jururawat	Krankenschwester
mengadung, bunting	schwanger
sakit kepala	Kopfschmerzen
sakit ...	...-schmerzen, schmerzhaft
mata / telinga	Auge / Ohr
mulut / gigi	Mund / Zahn
kerongkongan	Rachen
bahu / tulang	Schulter / Knochen

dada / paru-paru	Brust / Lunge
hidung / lisan	Nase / Zunge
leher	Hals
sendi / otot, urat	Gelenk / Muskel, Bänder
buah dada	Brüste
jantung	Herz
limpa / limpa kecil	Leber / Galle
anak limpa	Bauchspeicheldrüse (Prankreas)
perut	Magen
vagina, faraj	Vagina
darah / saraf	Blut / Nerven
kulit	Haut
kaki	Fuß, Bein
usus besar / kecil	Dick- / Dünndarm
butuh	Penis
salur darah	Ader
otak	Gehirn
bibir	Lippe
jari kaki	Zeh
jari / lengan, tangan	Finger / Arm, Hand
ibu jari *(Mutter-Finger)*	Daumen
jari telunjuk / ... hantu	Zeige-, Mittelfinger
jari manis / ... kelengkeng	Ring-, kleiner Finger
pencernaan	Verdauung
gangguan	Störung
patah tulang	Knochenbruch
cirit, buang-buang air	Durchfall
sakit radang	Entzündung
demam / selesema	Fieber / Erkältung, sich erkälten
demam selesema	Grippe
kolera, penyakit taun	Cholera

demam kepialu	Typhus
demam nyamuk / kura	Malaria
sakit tali perut umbai usus	Blinddarmentzündung
racun	Gift
menggigit	beißen
ular	Schlange
anjing	Hund
menetapkan/penetapan sifat penyakit	diagnostizieren/Diagnose
surat ubat doktor	Rezept
ubat	Medizin (auch trad. Heilmittel)
mengubatkan	mit Arznei behandeln
pengubatan	Behandlung
surgeri	Chirurgie
suntik (an)	impfen (Injektion)
pindah tuang darah	Bluttransfusion
surat resip	Quittung

tolong, cepat-cepat
Hilfe, schnell, schnell!

Tolong panggil doktor.
bitte rufen Doktor
Bitte rufen Sie einen Arzt.

Saya sakit.
Ich bin krank, verletzt.

Adakah doktor dekat di sind?
haben-? Doktor nahe bei hier
Gibt es einen Arzt in der Nähe?

Di mana ada rumah sakit yang baik?
bei wo haben Haus krank welches gut
Wo gibt es ein gutes Krankenhaus?

Tolong belikan saya ubat untuk ...
bitte kaufe ich Medizin für ...
Bitte kaufe mir Arznei gegen ...

Kawan saya kena gigit ular / anjing
Freund ich geworden beißen Schlange / Hund
Mein Freund wurde von einer Schlange / einem Hund gebissen.

Saya perlu surat resip untuk insuran saya.
ich brauchen Brief Quittung für Versicherung ich
Ich brauche eine Quittung für meine Versicherung.

Saya minta surat dengan penetapan sifat penyakit
ich bitten um Brief mit Diagnose
dan pengubatan untuk insuran saya.
und Behandlung für Versicherung ich
Ich bitte für meine Versicherung um einen Brief, in dem Diagnose und Behandlung stehen.

Die Standardfragen

Wenn wir unterwegs sind, werden wir immer wieder in denselben "small talk" verwickelt. Die Leute sind neugierig und wollen von dem Fremden wissen, wie sie ihn einzuschätzen haben. Vielleicht werden Sie es lustig finden, wie sehr sich Fragen und Antworten gleichen: Diesen "small talk" werden Sie bald so gut können, daß die Leute von Ihren Sprachkenntnissen beeindruckt sein werden. Sie werden zwar kaum auf der Straße angesprochen und müssen nicht immer wieder im Vorbeigehen dieselben Fragen beantworten, aber wenn man erst mal ins Gespräch gekommen ist, ähneln sich die Fragen immer:

Saudara/i dari mana.
Bruder/Schwester von wo
Woher kommen Sie?

Saya datang dari Jerman / Negeri Swis / Negeri Austria.
Ich komme aus Deutschland / Land Schweiz / Land Österreich

Jerman Barat atau Timur?
Deutsch West oder Ost
Aus West- oder Ostdeutschland? (wird immer noch gefragt!)

Sudah berapa lama di Malaysia?
schon wieviel lange in Malaysia
Wie lange bist du / sind Sie schon in Malaysia?

Sudah lama tinggal di sini?
schon lange bleiben hier
Sind Sie schon lange hier?

Sudah dua minggu.
schon zwei Wochen

Berapa lama lagi saudara/i nak tinggal di Malaysia?
wieviel lange noch Bruder / Schuester wollen bleiben in M.?
Wie lange werden / wollen Sie noch in M. bleiben?

Kali pertama di sini?
Mal erstes in hier
Zum ersten Mal hier?

Untuk apa awak datang ke Malaysia.
für was du kommen nach Malaysia
Warum bist du nach M. gekommen?

Saya bekerja di sini.
Ich arbeite in hier.
Ich arbeite hier.

Sekarang saya tengah cuti / masih bercuti.
jetzt ich Mitte Urlaub / noch Urlaub machen
Jetzt habe ich Urlaub/Ferien.

Awak suka tempat ini?
du mögen Ort dieser
Gefällt es dir hier?

Sekarang awak tinggal di mana?
jetzt du bleiben bei wo
Wo wohnst du jetzt?

Mau ke mana?
wollen nach wo?
Wohin des Wegs?

Jalan jalan!
Gehen-gehen
Ich gehe spazieren.

Makan angin saja.
essen Wind nur
Nur etwas Luft schnappen

Boleh cakap Bahasa Malaysia?
können sprechen Sprache Malaysia?
Kannst du Malaiisch sprechen?

ya, seditkit saja
ja etwas nur
Ja, nur ein wenig.

Siapa nama awak?
wer Name du
Wie heißt du?

Nama saya Faizal/Halima.
Name ich Faizal/Halima
Ich heiße Faizal/Halima.

Sudah kahwin?
Schon verheiratet?
Bist du schon verheiratet?

Belum.
Noch nicht.

Ya, sudah.
Ja, schon.

In Südostasien ist der Normalzustand für Menschen über zwanzig, verheiratet zu sein und Kinder zu haben. Kinderreiche Familien sind in Malaysia häufig. Anders als in Thailand und Indonesien gibt es keine staatliche Familienplanung, im Gegenteil: die Regierung glaubt, zur Entwicklung des Landes noch viel mehr Menschen als die gegenwärtig rund 20 Millionen zu brauchen.

Anak berapa orang?
Kind wieviel Mensch
Wieviel Kinder (hast du)?

dua (anak) lelaki, satu (anak) perempuan
zwei (Kind) männlich' eins (Kind) weiblich
zwei Söhne (und) eine Tochter

Richtig müßte es heißen: **dua orang anak laki-laki, seorang anak perempuan**, aber die Leute sagen einfacher: dua lelaki, satu perempuan.

Umur berapa?
Alter wieviel?
Wie alt?

Tiga puluh lima tahun.
35 Jahre
35.

Pekerjaan awak apa?
Beruf du was?
Was für einen Beruf hast du?

kürzer: **Kerja apa?**
Arbeit was
Was ist dein Beruf?

Saya penuntut / guru.
Ich (bin) Student / Lehrer.

Tolong jangan cakap cepat-cepat.
bitte nicht sprechen schnell-schnell
Bitte sprich nicht so schnell.

Saya tak faham kata ini.
ich nicht verstehen Wort dieses
Ich verstehe dieses Wort nicht.

Tolong ulangi sekali lagi apa yang awak cakap tadi.
bitte wiederholen einmal mehr was welches du sprechen gerade
Bitte wiederhole nochmal, was du gerade gesagt hast.

suami, laki	Ehemann
bini, isteri	Ehefrau
kahwin	verheiratet
anak perempuan	Tochter, Mädchen
laki-laki, lelaki	Sohn, Junge
umur	Alter
pekerjaan	Beruf
kawan	Freund
faham, mengerti	verstehen
bercakap, berkata	sprechen, sagen
kata	Wort
bahasa inggeris, ... jerman	Englisch, Deutsch
bertanya, pertanyaan	fragen, Frage
mendengar	hören
lupa / (ter)ingat	vergessen / (sich) erinnern
(peng)erti(an)	Bedeutung

menterjemahkan	übersetzen
tahu / kenal	wissen / kennen
(mem)baca	lesen
tulis, menulis	schreiben
mengajar	lehren
belajar	lernen
menghapalkan	auswendig lernen

Nachwort

Hoffentlich hat Ihnen dieser Sprechführer bei Ihren ersten Versuchen, Malaiisch zu lernen, helfen können. Sie haben erlebt, daß diese Sprache recht unkompliziert, aber so leicht auch wieder nicht ist, falls man tiefer einsteigen will. Wenn Sie Gelegenheit haben, Ihre Kenntnisse an Ort und Stelle anzuwenden, werden Sie sicher erfahren, um wieviel man den Menschen dadurch näher kommt. Die Geste allein, sich um diese ungewohnte Sprache zu bemühen, wird immer wieder irgendwie belohnt werden. Und wenn man in Gegenden kommt, wo Malaiisch Verbindungssprache zwischen verschiedenen Stämmen ist, etwa in Sabah und Sarawak, dann werden Sie erleben, daß auch viele Ihrer Gesprächspartner ihre Mühe damit haben.

In anderen Ländern sollten wir stets bereit sein, uns weitgehend an örtliche Sitten anzupassen, soweit es sinnvoll ist. Auch das Erlernen von Grundbegriffen einer Sprache ist eine solche Anpassung. Die Malaien haben dafür ein passendes Sprichwort:

Masuk kandang kerbau kita menguak, masuk
betreten Stall Büffel wir muhen, betreten
kandang kambing kita mengembek.
Stall Ziege wir meckern
Wenn wir den Stall eines Wasserbüffels betreten, muhen wir; wenn wir einen Ziegenstall betreten, meckern wir.

Bücher zum Weiterlernen

Lehrbücher

Ein kleines Büchlein, das von der Grammatik her weniger weit geht als dieser Sprechführer, dafür jedoch eine Menge Anwendungsbeispiele und Übungssätze (mit Auflösung am Schluß) bietet, ist: **Bahasa Malaysia without Tears** von Syed Ismail, erschienen bei **Syrikat S. Abdul Majeed**, Kuala Lumpur, 122 Seiten.

Umfangreicher, mit Konversationsbeispielen, zusammenhängenden Texten und ausführlicher Grammatik ist das ältere Buch **Bahasa Malaysia for Everyone** von Othman Sulaiman, erschienen bei **Utusan Publications and Distributors,** Kuala Lumpur, 324 Seiten.

Es gibt eine Reihe weiterer kleiner Lehrbücher, aber die obengenannten erschienen mir am geeignetsten, zumal sie auch sehr preiswert sind. Mir ist - mit Ausnahme der sehr guten internen Lehrbücher der Stiftung für internationale Entwicklung, Bad Honnef - kein deutschsprachiges Lehrbuch für **Bahasa Malaysia** bekannt.

Wörterbücher

Es gibt viele kleine, also handliche Wörterbücher, aber nur eines ist meines Erachtens wirklich gut: Reihe **"Collins Gem", Malay Dictionary Malay-English, English-Malay,** erschienen bei **Collins,** Großbritannien; über 46.000 Einträge, 614 Seiten (aber Hosentaschenformat).

B A L I

Ein Paradies wird erfunden

Das wahre Bali ist eine vibrierende kulturelle Mischung, voll gärender Widersprüche, voll Selbstvertrauen und gleichzeitig voll offener Fragen, wesentlich tiefgründiger und interessanter als das touristische Image der Insel.

Dies Buch vermittelt spannend wie ein Roman die Umstände, unter denen sich das gegenwärtige Bild der Insel entwickelt hat. Adrian Vickers hat eine fundierte und provozierende Hintergrunddarstellung der historischen und kulturellen Entwicklung Balis geschrieben, leicht lesbar und fesselnd.

All jenen, die mehr als nur oberflächliche Eindrücke von Bali suchen, ist dieses Buch unbedingt zu empfehlen.

"Wer immer wirklich an Bali und den Balinesen interessiert ist, wird dieses Buch willkommen heißen." (A. van der Kraan, Inside Indonesia).

Adrian Vickers: **Bali - Ein Paradies wird erfunden**, ca. 350 Seiten, ausgestattet mit historischen Fotos und einem umfangreichen Personen- und Sachregister.

Reise Know-How/Sachbuch: ISBN 3-89416-618-5

Reise Know-How Verlag Peter Rump GmbH, Bielefeld

China

Ein kommunistisches Riesenreich, eine boomende Kapitalismus-Metropole und ein kleiner Inselstaat, faszinierende Reiseländer, eine Herausforderung für jeden Traveller! Die Reiseführerreihe ***Reise Know-How*** bietet verläßliche Handbücher mit umfassenden und aktuellen Informationen für das Reisen auf eigene Faust, Lektüre zum kulturellen Hintergrund und leicht verständliche Sprachführer für die Region:

Andrea und Oliver Fülling

Chinas Norden - die Seidenstraße

648 Seiten, 70 Karten und Pläne,
durchgehend illustriert, mit chinesischen Schriftzeichen zu jedem Ort, Hotel, Highlight
ISBN 3-89416-229-5

Andrea und Oliver Fülling

Chinas Osten

600 Seiten, 60 Karten und Pläne,
durchgehend illustriert, mit chinesischen Schriftzeichen zu jedem Ort, Hotel, Highlight
ISBN 3-89416-229-5

Andrea und Oliver Fülling

China Manual

792 Seiten, 150 Karten und Pläne,
durchgehend illustriert, mit chinesischen Schriftzeichen zu jedem Ort, Hotel, Highlight
ISBN 3-89416-626-6

Werner Lips

Hongkong, Macau, Kanton

480 Seiten, über 40 Karten und Pläne, durchgehend illustriert, mit chinesischen Schriftzeichen
ISBN 3-89416-235-x

Werner Lips

Taiwan - Handbuch

600 Seiten, 65 Karten und Pläne, durchgehend illustriert, mit chinesischen Schriftzeichen
ISBN 3-89416-693-2

Wörterliste

Hier sind über 1000 malaiische Wörter aufgeführt. Das klingt umfangreich, aber was sind schon 1000 Wörter. Ich hoffe, daß das Angebot gut ist. Für den Einstieg dürfte man mit der Liste schon ganz schön weit kommen. Die Verben erscheinen in der Grundform und meist einer Vorsilbe, die beim Sprechen korrekterweise mitbenutzt wird. Zahlen, Wochen- und Monatstage habe ich weggelassen, die findet man in den betreffenden Abschnitten (Zahlen, Zeit, etc.). Auch einige spezielle Begriffe, z.B. Behördenbezeichnungen, medizinische Begriffe, Straßenbezeichnungen u.a. findet man in den Abschnitten mit den Konversationsbeispielen in kompakter Form. Ein Wörterbuch ersetzt die folgende Liste nicht.

A

A.D. - **Tahun Masihi**
abbiegen - **belok (mem-)**
Abend - **malam**
Abenddämmerung - **senja**
Abendessen - **makan malam**
aber - **tetapi**
abfahren - **berangkat, tolak, ber-**
Abfahrt - **berlepas, bertolak**
Abfall - **sampah**
Abflug - **berlepas**
Absicht - **mau**
absteigen - **turun**
Abteilung - **bahagian**
Achtung - **awas**
Adresse - **alamat**
Affe - **monyet**
ähneln - **menyerupai**
aktiv - **cergas, pantas**
alle zwei Wochen - **lat seminggu**
alle zwei Tage - **lat sehari**
alle zusammen - **belaka**
alle(s) - **segala, semua**
allein - **sendiri**
allgemein - **awam**
als - **daripada** (Vergleich); **sebagai**
alt - **lama** (Dinge); **tua** (Person)
Alter - **umur**
älterer Bruder - **abang**
älteste(r) - **yang sulung**
Ambulanz - **ambulan**
Ameise - **semut**
Amt - **jabatan, pejabat**
Ananas - **nanas, nenas**
ander(e, s) - **lain**
Anfang - **awal, mula, permulaan**
anfangen - **bermula, mula**
anfreunden, sich - **berkawan**
Angelegenheit(en) - **hal ahwal**
Angelschnur - **tali keil**
angemessen - **patut**
angenehm - **selesa**
Angestellte(r) - **kerani**
ängstlich - **takut**

anhalten - **henti, ber-**
ankommen - **datang,sampai, tiba**
Ankunft - **kedatangan, ketibaan**
Anlegestelle - **bagan, pengkalan**
Anopheles-Mücke - **nyamuk tiruk**
anschauen - **lihat, me-; tengok, men-**
anscheinend - **rupanya**
anstreichen - **cat, menge-**
antworten - **jawab, men-**
anwesend (sein) - **hadir**
anzünden - **bakar, mem-**
Apparat - **alat**
April - **april**
Arbeit - **kerja**
arbeiten - **kerja, be-**
Arbeitsplatz - **tempat kerja**
Archipel - **kepulauan**
ärgern, sich - **marah**
arm - **miskin**
Arm - **lengan**
Armbanduhr - **jam tangan**
Armee - **tentera**
Art - **jenis, macam**
Arztpraxis - **k(e)linik**
Attraktion - **tarikan**
auch - **juga, pula, pun**
auf Jagd gehen - **(ber) buru**
auf Wiedersehen (Gruß) - **selamat tinggal, selamat jalan**
aufbewahren - **menyimpan, simpan**
Aufgabe - **tugas**
aufheben, etwas - **menaikan**
Aufmerksamkeit - **perhatian**
aufpassen - **jaga, men-**
aufräumen - **mengemaskan**
aufrichtig - **benar, lurus, tulus ikhlas**
aufstehen - **bangun**
aufsteigen - **naik**
aufstellen, etwas - **menaikan**
aufstrebend - **makmur**
aufwachen - **bangun**
Auge - **mata**
Augenblick - **ketika; sebentar**
aus - **mati;** (zu Ende) **habis**
ausbilden - **latih, me-**
Ausbilder - **jurulatih**
Ausbildung - **latihan**
Ausführung - **urusan**
aushalten - **tahan**
Auskunft - **pertanyaan**
Ausländer - **orang asing**
ausruhen - **(be) rehat**
Ausrüstung - **alat**
aussehen - **nampak**
Aussehen - **rupa**
außer - **kecuali**
außerdem - **lagi**
äußerst - **paling, terlalu**
Auster - **tiram**
ausverkauft - **habis**
Auswahl, freie - **ikhtiar, pilihan**
auswendig lernen - **menghapalkan**
Auto - **motokar, kereta**
Autobahn - **lebuhraya**

B

Baby - **bayi**
Bad - **tempat mandi**
baden - **mandi**
Bahnhof - **stesen keretapi**
Ball - **bola**
Bambus - **bambu, buluh**
Banane - **pisang**

Bank - **bank**
Bargeld - **wang tunai**
Bauer - **peladang, petani**
Baum - **pokok, pohon**
Baumwolle - **cita**
Beamter - **pegawai**
Becher - **cawan**
Becken - **koram**
Bedeutung - **erti**
Bedienung - **pelayan**
Bedingung - **syarat**
beenden - **mengakhiri, menyele saikan**
beendet - **sudah**
befinden, sich - **terletak**
Beginn - **mula**
beginnen - **bermula**
begleiten - **mengikut**
Behörde - **jabatan**
Bein - **kaki**
Beisammensein (unmoralisch) - **khalwat**
Beispiel - **contoh**
beißen - **gigit, meng-**
beiwohnen - **hadir**
Bekanntmachung - **maklumat**
bekommen - **dapat, men**
Bemühung - **usaha**
benutzen - **guna**
Benzin - **minyak bensin**
beobachten - **lihat, me-**
bequem - **senang**
bereitmachen, sich - **sedia, ber-**
Berg - **gunung**
Bergsteiger - **pendaki gunung**
Bericht - **lapuran, riwayat**
Beruf - **pekerjaan**
berühmt - **terkenal**
beschädigt - **rosak**
beschäftigt - **sibuk**
Bescheid sagen - **beritahu, mem-**
Beschwerde - **sungutan**
besetzen - **menduduki**
besitzen - **punya**
besonders - **khas, istimewa**
besser - **lebih baik**
bestätigen - **sah, menge-**
bestehen (Prüfung) - **lulus**
besteigen - **naik**
Bestellung - **pesan**
besuchen - **singgah; lawat, me-**
beten - **berdoa**
betreten - **masuk**
betrunken - **mabuk**
Bett - **tempat tidur**
Bettstatt - **katil**
Beute - **mangsa**
Beutel - **beg**
Bevölkerung - **rakyat**
bevor (zeitl.) - **dulu, dahulu, sebelum**
bewässern - **mengairkan**
bewegen - **(ber) gerak**
bewölkt - **mendung**
bewußt - **sedar**
bezahlen - **membayar**
Bezirk - **daerah**
Bezirkspräsident - **pegawai daerah**
Bibliothek - **perpustakaan**
Biene - **lebah**
Bier - **bir**
billig - **murah**
binden - **ikat, meng-**
bis - **sehingga** (zeitl.); **hingga, sampai**
bitte (sehr) - **sila**
bitten um - **minta, me-**
bitter - **pahit**
Bitterkeit - **kepahitan**

Blasrohr - **sumpitan**
blau - **biru**
bleiben - **tinggal**
blind - **buta**
Blitz - **kilat**
bloß - **hanya**
Blume - **bunga**
Blut - **darah**
Blüte - **bunga**
Boden - **tanah**
Bohnen - **kacang**
Bonbons - **gula-gula**
Boot - **perahu, sampan**
borgen - **pinjam, mem-**
borgen - **meminjam**
böse - **jahat**
Botschaft (deutsche) - **kedutaan (Jerman)**
braten - **goreng, men-**
brauchen - **perlu**
braun - **perang**
breit - **luas**
Bremse - **pekam**
Brett - **papan**
Brief - **surat**
Briefmarke - **s(e)tem**
Briefumschlag - **sampul surat**
Brille - **kaca mata**
bringen - **bawa, mem-**
Brot - **roti**
Brücke - **jambatan**
Bruder - (jüngerer) **adik;** (älterer) **abang**
Brunnen - **telaga**
Brust - **dada**
Buch - **buku**
Buchstabe - **huruf**
Bucht - **teluk**
Bürger - **rakyat**
Büro - **pejabat**
bürste(n) - **berus, mem-**
Bus - **bas**
Bus-Bahnhof - **stesen bas**
Busen (Brüste) - **buah dada**
Butter - **mentega**

C

Cent - **sen**
Chauffeur - **sais**
Chef - **ketua**
Chili - **lombok**
Chinese - **orang Cina**
Cholera - **kolera**
Clan - **puak**
Computer - **komputer**
Curry - **kari**

D

da, nimm es! - **nah!**
Dach - **atap**
Dame - **madam, Datin**
Damm - **ampang**
danke - **terima kasih**
dann - **kemudian, lalu**
Darm - **usus**
das ist - **ialah**
Datum - **hari bulan, tarikh**
dauernd - **sentiasa**
Decke (Bett) - **selimut**
denken - **(ber) fikir**
denn - **pula**
deponieren - **titip**
der, die, das (Relativpron.) - **yang**
deshalb - **oleh itu**
Deutsch/Deutschland - **Jerman**
Deutsche(r) - **orang Jerman**

Diamant - **intan**
dick (Dinge) - **tebal**
Dieb - **pencuri**
Dienst - **perkhidmatan**
diese(r,s) - **ini**
direkt - **langsung**
Discount - **potongan**
Distrikt - **wilayah**
Disziplin - **disiplin, tatatertip**
Dollar - **ringgit**
Dolmetscher - **lidah, jurubahasa**
Donner - **guruh**
Dorf - **kampung**
Dorfchef - **penghulu kampung**
Dorfvorsteher - **kepala kampung**
dort - **sana**
dorthin - **ke sana**
Drachen (Flug-) - **layang-layang**
Drachen (Kelantan) - **wau**
Drogen, illegale - **dadah**
drucken - **cap, menge-**
Dschungel - **hutan**
du (Anrede) - **awak, saudara**
dumm - **bodoh**
dünn - **halus, nipis**
durch (mittels) - **oleh**
Durchfall haben - **buang-buang air**
durstig - **haus**

E

Ehefrau - **bini, isteri**
Ehemann - **suami**
Ehepaar - **laki bini**
Ehrgeiz - **cita-cita**
ehrlich - **lurus**
Ei - **telur**
Eichhörnchen - **tupai**
eifersüchtig - **cemburu**
Eigentum - **harta**
ein wenig - **sedikit**
einander küssen - **cium, ber-**
einfach (leicht) - **mudah**
Einfahrt/Eingang - **masuk**
eingelegt in Salz - **jeruk**
Eingeweide (Darm) - **usus**
einige - **beberapa, setengah**
Einkommen - **pendapatan**
einladen - **jemput, men-**; (Essen) **jamu**
einmal - **sekali**
einsteigen - **naik**
einstürzen - **runtuh**
einverstanden - **setuju**
Einwohner - **penduduk**
Eis(wasser) - **air batu**
Eis(würfel) - **air beku**
Eisen - **besi**
Eisenbahn - **keretapi**
Eltern - **ibubapa**
empfangen - **menerima, sambut, terima**
Empfänger - **penerima**
Empfehlung - **syor**
emporfliegen - **layang**
Ende - **akhir**; (zu Ende) **habis**
eng - **rapat**
Englisch - **Inggeris, bahasa Inggeris**
Ente - **itik**
entkommen - **lepas**
entschuldigen, sich - **maafkan**
enttäuscht - **keciwa**
entwickeln (Film) - **cuci, men-**
Epoche - **zaman**
er, sie, es - **(d)ia**
Erde - **bumi, tanah**
Erdnüsse - **kacang tanah**; (geröstete) **kacang goreng**

Ereignis - **acara, peristiwa**
Erfahrung - **pergalaman**
erfolgreich - **berjaya, maju**
erfreuen, sich - **menikmati**
erfrischen, sich - **menyegarkan, segar**
erhalten - **dapat, men-**
erinnern - **ingat**
Erkältung - **selesema**
erkennen - **kenal, mengenal**
erlaubt (Islam) - **halal**
erleben - **merasai**
Erlebnis - **pergalaman**
erledigt - **sudah**
erleiden - **kena**
ernsthaft - **parah**
erreichen - **sampai**
Ersatzteil - **alat ganti**
erschrocken - **terkejut**
erste(r, s) - **pertama**
ertragen - **tahan**
Erwachsener - **(orang) dewasa**
erwidern - **jawab, men-**
Erzählung - **cerita**
Erziehung - **pendidikan**
es - **ia**
essen - **makan**
Essen - **makanan**
etwa - **agaknya**
etwas - **sebentar, sedikit**
Expreßbus - **bas cepat**

F

Fabrik - **kilang**
Faden - **benang**
Fahne - **bendera**
Fähre - **perahu tampang**
fahren - **pergi;** (selbst) **memandu**
Fahrer - **sais**
Fahrgast - **penumpang**
Fahrkarte - **tiket**
Fahrplan - **jadual waktu**
Fahrpreis - **tambang**
Fahrrad - **basikal**
fair - **patut**
fallen - **jetuh;** (Regen) **turun**
falls - **jika(lau), kalau**
falsch - **salah**
Familie - **keluarga**
fangen - **tangkap**
Farbe - **warna;** (zum Malen) **cat**
fast - **hampir**
fasten - **berpuasa**
Fasten - **puasa**
faul - **malas**
Fauna - **haiwan**
Federal Territory (KL) - **Wilayah Persekutuan**
Fehler machen - **bersalah**
Feier - **perayaan**
fein - (gut) **bagus;** (zart) **halus**
Feind - **musuh**
Feld - **ladang, lapangan, padang**
Fels - **batu**
Fenster - **tingkap, jendela**
Fensterglas - **kaca**
Ferien - **cuti**
Fernglas - **teropong**
fernhalten - **menjauhi**
fertig - **habis, selesai**
Festessen - **makan besar**
festnehmen - **tangkap**
Festung - **kota**
Fett - **minyak**
Feuer - **api**
Feuerameise - **semut api**
Feuerwaffe - **senjata-api**

Fieber - **demam**
Figur - **patung**
Film (Kino-) - **tayangan gamba**
Finger - **jari**
Fisch - **ikan**
Fischer - **nelayan**
fit - **segar**
Flasche - **botol**
Fleck (Schmutz-) - **noda**
Fleisch - **daging**
Fleischverkäufer - **penjual daging**
Fleiß - **usaha**
fleißig - **rajin**
fliegen - **terbang**
Floß (Bambus) - **rakit**
Flughafen - **lapangan terban**
Flugzeug - **kapalterbang**
Fluß - **sungai**
flußabwärts - **hilir**
flußaufwarts - **(h)ulu**
Flußmündung - **kuala**
Flut - **banjir**
folgen - **ikut, meng-**
Formular - **borang**
Forschung - **penyelidikan**
Fortschritt - **kemajuan**
fortschrittlich - **maju**
Fracht - **kiriman**
fragen - **bertanya, tanya**
französisch - **Perancis**
Frau - **perempuan, wanita;** (Anrede) **Puan**
Fräulein - **Cik**
frech - **nakal**
frei - **bebas, lepas**
freiwillig - **sukarela**
fremd - **asing**
Fremder - **dagang, orang asing**
Freude - **nikmat**
Freund - **kawan, sahabat, teman**
Friede - **salam**
friedlich - **aman**
froh/fröhlich - **gembira**
Frucht - **buah**
früh - **awal**
früh morgens - **pagi-pagi**
früher - **lama**
Frühstück - **makan pagi; sarapan**
führen - **pimpin**
Führer - (Buch) **panduan;** (Person) **pandu, pemimpin**
Führerschein - **lesen memandu**
für - **untuk**
fürchten, sich - **takut**
Fuß - **kaki**
Fußball - **bolasepak**
Fußboden - **lantai**

G

Gangster - **sekongkol**
ganz - **segala**
Garten - **taman, kebun**
Gärtner - **tukang kebun**
Gast - **tamu**
Gästehaus - **rumah tumpangan**
Gatte - **laki**
Gebäude - **bangunan**
geben, es gibt - **ada**
geben - **beri, mem-**
gebildet - **ajar, meng-**
Gebirgskette - **banjaran**
geboren (werden) - **lahir**
gebraten - **goreng, men-**
gebrochen - **patah**
Gebühr - **bayaran**
Geburt - **kelahiran**

Geburtsdatum - **tarikh lahir**
Geburtsort - **tempat lahir**
Gedanke - **angan-angan**
geduldig - **sabar**
Gefahr - **bahaya**
gefährlich - **berbahaya**
Gefängnis - **penjara**
Gefühl - **hati, perasaan, rasa**
Gegend - **kawasan**
Gegenstand - **benda**
gegenüber - **seberang, di hadapan**
gehen - **pergi**; (zu Fuß) **jalan kaki**; (spazierengehen) **jalan, ber-**
Gehirn - **otak**
Geist (böser) - **hantu**
gekocht - **rebus**
gelb - **kuning**
Geld - **wang**
Geldbeutel - **pundi-pundi**
Geldüberweisung - **kiriman wang**
Geldwechsler - **penukar wang**
Gelegenheit - **kali**
gelegentlich - **kadang-kadang**
Gelenk - **sendi**
Gemälde - **lukisan**
Gemeinde (islam.) - **mukim**
gemeinsam - **bersama-sama**
Gemeinschaft - **kaum**
gemischt - **campur**
Gemüse - **sayur(-sayuran)**
genau - **tepat**
genug - **cukup**; (Ausruf) **sudahlah!**
Gepäck - **barang-barang**
gerade - (geradeaus) **terus**; (eben) **tadi**
Gerät - **alat**
Geräusch - **bunyi**
Gericht - (Essen) **makanan**; (Justiz) **mah kamah**
gerissen (Seil) - **putus**
Gerücht - **khabar angin**
Geschäft - **kedai**
geschehen - **jadi**
Geschenk - **hadiah, pemberian**
Geschichte - (Story) **cerita, riwayat**; (hist.) **sejarah**
geschickt (klug) - **pandai**
geschieden - **cerai, ber-**
geschlossen - **- tutup**
Geschmack - **rasa**
geschmacklos (Essen) - **tawar**
Gesellschaft - **masyarakat**
Gesetz - **undang-undang**; (islam.) **syariat**
Gesicht - **muka**
Gespräch - **percakapkan**
gestern - **kelmarin**
gestern Abend - **malam tadi**
gesund - **segar, sehat, sihat**
Gesundheit - **kesihatan**
Getränk - **minuman**
gewiß - **naam, tentulah**
gewöhnlich - **biasa, seperti biasa**
Gewürz - **rempah**
Gift (Magen-) - **racun**
Gipfel - **kemuncak, puncak**
Glas - **kaca**; (Trink-) **gelas**
glauben - **percaya**
gleich (zeitl.) - **nanti, sebentar**
gleich wie - **sama**
gleichaltrig - **sebaya**
Glocke - **loceng**
Glück haben - **mujur**
Glücksspiel(en) - **judi,ber-**
Gott - **Tuhan**
Grabmal - **makam**
Grammatik - **tatabahasa**

Gras - **rumput**
gratis - **percuma**
grau - **kelabu**
Grenze - **had**
groß - **besar**
Großmarkt(halle) - **pasar borong**
Großmutter - **nenek**
Großstadt - **bandaraya**
Großvater - **nenek**
grün - **hijau**
Grund - **sebab**
Grundschule - **sekolah rendah**
Gruppe - **kumpulan**
Guava - **jambu batu**
gültig - **sah**
Gummi - **getah**
gut - **bagus, baik**
Güter - **barang-barang**

H
Haar - **rambut**
Haare schneiden -
cukur, gunting rambut
haben - **ada, mempunyai**
Hafen - **pelabuhan**
Hähnchen - **ayam**
halb - **setengah**; (halb-) **separuh**
Halbinsel - **semenanjung**
Halle - **balai**
Hals - **leher**
halten - **henti, ber-**
Haltestelle - **(per)hentian**
Hand - **tangan**
Handel - **perdagangan**
handeln (feilschen) - **tawar, men-**
Handtasche - **beg tangan**
Handwerker - **tukang**
Hang - **lereng**
hart - **keras**
hassen - **benci**
häßlich - **buruk, jelek**
Hauptstadt - **ibukota**
Haus - **rumah**; (groß) **wisma**
Haut - **kulit**
Heiler - **bomoh**
Heim - **tempat tinggal**
heimkehren - **balik, pulang**
heiraten - **kahwin, ber-**
heiß - **panas**
Held - **pahlawan**
helfen - **bantu, mem-; menolong,**
tolong; (einander) **bertolong-tolongan**
hell - **terang**
Hemd - **baju, kemeja**
Herr (Anrede) - **Tuan**
Herrscher - **raja**
herstellen - **buat, mem-**
herum - **(ber) keliling**
herumfliegen - **berterbangan**
herumreisen - **jelajah, men-**
herumspringen - **berlompatan**
heruntergehen - **turun**
hervorragend - **utama**
Herz - **hati**; (Organ) **jantung**
heute - **hari ini**
heute Abend - **malam sekarang**
Hibiscus - **bunga raya**
hierhin - **ke sini**
Hilfe - **rawatan**; (Ausruf) **tolong!**
Himmel - **langit, syurga**
hinausgehen - **keluar**
hinterste(r, s) - **terkebelakang**
hoch - **tinggi**
Hochzeit - **perkahwinan**
hoffen - **harap, ber-**
Hoheit - **Tuanku**

Höhepunkt - **kemuncak**
Höhle - **goa, gua**
Holländisch - **Belanda**
Holz - **kayu**
Holzschnitzerei - **ukiran kayu**
Honig - **madu**
Hose - **seluar**
Hotel - **rumah tumpangan**
hübsch (Frau) - **cantik**
Hügel - **bukit**
Huhn - **ayam**
Hund - **anjing**
hungrig - **lapar**
Husten - **batuk**
Hut - **topi**
Hütte - **pondok**

I

ich - **saya;** (vertraulich) **(a)ku**
Idee - **angan-angan**
ihnen (Mz.) - **mereka**
im Gegenteil - **sebaliknya**
immer - **selalu, sentiasa**
Immigration - **imiresen**
impfen - **suntik**
Impfung - **suntikan**
Import - - **impot**
in - **di**
Inder - **orang (H)india**
Industrie - **indust(e)ri**
Inflation - **inflasi**
informieren - **memberitahu**
Ingenieur - **jurutera**
Ingwer - **halia**
Inhalt - **isi**
Initiative - **ikhtiar**
Insekt - **serangga**
Insel - **pulau**
interessant - **menarik (hati)**
Interesse haben - **berminat**
international - **antarabangsa**
irgendetwas - **apa-apa**
irgendjemand - **siapa-siapa**
irgendwo - **mana-mana**
Irrtum - **silap**
ist - **ialah**

J

ja - **naam, ya**
Jackfruit - **nangka**
jagen - **(ber) buru**
Jahr - **tahun**
Jahreszeit - **musim**
Jahrhundert - **kurun**
Jamswurzel - **ubi**
jede(r,s) - **sesuatu, tiap-tiap**
jemand - **seorang**
jene(r,s) - **itu**
jetzt - **sekarang**
Joghurt - **dadih**
Journalist - **wartawan**
Jugend - **belia**
jung - **muda**
Junge - **anak laki-laki, budak lelaki**

K

Kaffee - **kopi**
kalt - **sejuk, dingin**
Kamera - **kamer**
Kamerad - **sahabat, teman**
Kamm/kämmen - **sikat, sisir**
Kampf - **perkelahian**
Kanu - **sampan**
Kap - **tanjung, ujung**
kaputt - **rosak**
Karte - **kad**

kaufen - **beli, mem-**
kein - **bukan**
Kenntnis - **pengetahuan**
Kern - **biji**
Kette - **rantai**
Kilogramm - **kilogram**
Kilometer - **kilometer**
Kind - **anak**
Kinder (allg.) - **kanak-kanak**
Kindergarten - **tadika**
Kino - **panggung gambar**
Kirche - **gereja**
Klang - **bunyi**
Klasse - **kelas**
Kleidung - **pakaian**
klein - **kecil**
Kleingeld - **wang kecil**
Kleinstadt - **pekan**
klettern (Baum, Leiter) - **memanjat, panjat**
Klimaanlage - **hawa dingin**
Klinge - **mata pisau**
Klub - **kelab**
klug - **pandai, pintar**
Knoblauch - **bawang putih**
Knochen - **tulang**
Koch - **jurumasak, tukang masak**
kochen - **rebus, me-**
kochen (Essen) - **masak, me-**
Kokosnuß - **kelapa**
komm hierher! - **mari!**
kommen - **datang, mari**
König - **Yang di-Pertuan Agung**
können - **boleh**
Korallenriff - **karang**
Korb - **bakul**
Körper - **badan;** (ganzer) **tubuh**
köstlich - **sedap**
Krabbe - **udang**
krank - **sakit**
Krankenhaus - **rumah sakit**
Krankenschwester - **jururawat**
Krankheit - **penyakit**
Krebs - **ketam**
Kreuzung - **simpang**
Krieg - **perang**
Kris (malai. Dolch) - **keris**
kritisch - **parah**
Krokodil - **buaya**
Küche - **dapur**
Kuchen - **kuih, roti, kek**
Kuh - **lembu**
kühl - **sejuk**
Kühlschrank - **peti ais**
kühn - **berani**
Kultur - **kebudayaan**
Kunst - **seni**
kurz (räumlich) - **pendek**
kürzlich - **baru**
Kuß - **ciuman**
küssen (einander) - **(ber) cium**
Küste - **pantai**
Küstenstrich - **rantau**

L

lächeln - **senyum**
lachen - **ketawa, tertawa**
Laden - **kedai, toko**
Ladenbesitzer - **pekedai**
Ladenhaus - **rumah kedai**
Lage - **letak**
Lampe - **lampu**
Land - **negeri**
Landkarte - **peta**
Landwirtschaft - **pertanian**
lang - (örtl.) **panjang;** (zeitl.) **lama**

Langhaus - **rumah panjang**
langsam - **perlahan-lahan**
langweilig - **bosan**
lassen - **biar**
Lastwagen - **lori**
laufen - **lari, ber-**
Läufer - **pelari**
leben - **hidup, tinggal**
Leben - **hidup, jiwa**
Leber - **hati**; (Organ) **limpa**
Leder - **kulit**
leer - **kosong, lapang**
legal - **sah**
legen - **bubuh, mem**
lehren - **ajar, mengajar**
Lehrer - **guru**; (islam. relig.) **ustaz**
Lehrerin (islam. relig.) - **ustah**
leicht - (einfach) **mudah**;
(nicht schwer) - **ringan**
Leichtatletik - **olahraga**
leider - **sayang**
leihen - **menyewa, sewa**
Leiter - **tangga**
Lektion - **pelajaran**
lernen - **belajar**
lesen - **baca, mem-**
Leser - **pembaca**
letzte(r, s) - **terakhir**
Leuchtturm - **rumah api**
Leute - **orang**
Licht - **nur**
Liebe - **cinta, kasih**
Liebesbrief - **surat cinta**
Liebesverhältnis - **hubungan cinta**
Lied - **nyanyian**
Lieferung - **kiriman**
Liegewagen - **koc tempat tidur**
Lift - **lif**
Limit - **had**
Linie - **nirai**
links - **kiri**
Lippe(n) - **bibir**
Liste - **daftar, senarai**
Lizenz - **lesen**
Loch - **lubang**
Löffel - **camca, senduk**
Löwe - **singa**
loyal - **setia**
Lücke - **lubang**
Luft - **hawa, udara**
lustig - **lucu**

M

machen - **buat, mem-**
Machete - **parang**
Mädchen - **anak perempuan, budak perempuan**
Magazin - **majalah**
Magen - **perut**
Magier - **pawang**
Mal - **kali**
Malai(e, in) - **orang Melayu**
malaiische Sprache - **bahasa Melayu**
Malaiischer Archipel - **kepulauan Melayu**
malen - **cat, menge-; lukis, me-**
Manager - **pengurus**
manchmal - **kadang-kadang**
Mangostane - **manggis**
Mangrovenwald - **hutan bakau**
Mann - **laki-laki**
männlich - (Mensch) **laki-laki**; (Tier) **jantan**
Mantel - **baju**
Marke - **cap**
Markt - **pasar**; (in Sabah) **tamu**

Marktflecken - **pekan**
Maschine - **kereta, mesin**
Maske - **topeng**
Maß (Größe) - **ukuran**
Matratze - **tilam**
Matte - **tikar**
Maus - **tikus**
Medizin - **ubat**
Meer - **laut**
Meerenge - **selat**
Mehl - **tepung**
mehr - **lagi, lebih**
mehrere - **beberapa**
Meile(nstein) - **batu**
Meinung - **pendapat**
meisten, am- - **paling**
Meister - (Handwerk) **tukang;** (Sport) **johan**
Mekkapilger/in - **haji/hajjah**
Menge - **jumlah**
Mensch - **orang**
Mensch(heit) - **manusia**
Menschenmenge - **ramai**
messen - **ukur, meng-**
Messer - **pisau**
Methode - **cara**
Metzger- **tukang sembelih**
mich - **saya**
mieten - **menyewa, sewa**
Milch - **susu**
Militär - **tentera**
Millionär - **Jutawan**
Mine - **lombong**
Minister - **menteri**
Ministerium - **kementerian**
Minute - **minit**
mir - **saya**
mischen - **campur, men-**
mißbrauchen - **maki, me-**
mit - **dengan, serta**
Mitglied - **ahli**
Mittag - **tengahari**
Mittagessen - **makan siang**
Mitte - **tengah**
Mittelschule - **sekolah menegah**
mittendrin - **sedang**
Mitternacht - **tengah-malam**
Mode - **fesyen**
Modell - **lembaga**
mögen - **sayang, suka**
möglich - **mumkin**
Monat/Mond - **bulan**
Monsun - **musim monsun**
morgen - **(b)esok**
Morgen, morgens - **pagi**
Moschee - **masjid**
Moskito - **nyamuk**
Moskitonetz - **kelambu**
Motorrad - **motosikal**
müde - **lelah, letih**
Mund - **mulut**
Mund aufmachen - **nganga, me-**
Muscheln - **siput**
Museum - **muzium**
müssen - **harus, kena, mesti**
Muster - **contoh, lembaga**
mutig - **berani**
Mutter - **ibu, mak**

N

nach - **ke, kepada;** (zeitl.) **selepas**
Nachbar - **jiran, tetangga**
nachdem - **setelah**
nachher (zeitl.) - **lalu**
nachlässig - **alpa**
Nachmittag - **petang**

Nachricht - **khabar**
Nachrichten - **berita**
Nacht - **malam**
Nachtmarkt - **pasar malam**
Nadel - **jarum**
nah - **rapat, dekat**
nahekommen - **merapati**
nähen - **jahit, men-**
Nahrung - **makanan**
Name - **nama**
Nase - **hidung**
naß - **besah**
national - **kebangsaan**
Nationalpark - **taman negara**
Natur - **alam**
natürlich - **memang, wajar**
nehmen - **ambil, meng-**
nein - **bukan, tak, tidak**
Nerv - **saraf**
Netz - **jala**
neu - **baharu, baru**
neugierig - **ingin tahu**
nicht - **bukan, tak, tidak**
nicht! - **jangan!**
nicht, ist - **tiada**
nicht so (schwierig) - **tidak berapa (susah)**
niedrig - **rendah**
niemals - **tak pernah**
Nische - **antara**
noch - **masih**
noch mehr - **lagi**
noch nicht - **belum**
nolens volens - **mau tak mau**
Norden - **utara**
Nordosten - **timurlaut**
Nordwesten - **baratlaut**
normal - **biasa**
Note - **nada**
notwendig - **mustahak**
notwendig (sein) - **perlu**
Nudeln - **mee, mi(e)**
Null - **kosong**
Nummer - **nombor**
nur - **cuma, hanya, sahaja**
nützlich - **berguna**

O

Obergewand - **baju**
Oberlauf (Fluß) - **(h)ulu**
Objekt - **benda**
Obst - **buah-buahan**
obwohl - **meski (pun), walau(pun)**
oder - **atau**
Ödland - **gurun**
offen - **lapang, buka**
öffentlich - **awam**
offiziell - **rasmi**
öffnen - **buka, mem-**
oh Gott! - **alamak**
ohne - **tanpa**
Ohr - **telinga**
Öl - **minyak**
Omelette - **telur dadar**
Onkel - **bapa saudara**
Opfer - **terkorban**
Orchidee - **bunga anggerik**
organisieren - **urus**
Ort - **tempat**
Osten - **timur**
Österreich - **(negeri) Austria**
Ozean - **lautan, segara**

P & Q

Päckchen/Paket - **bungkus(an)**
Palast - **istana**

Palmwein - **tuak**
Papier - **kertas**
Paradies - **syurga**
Park - **taman**
Parkplatz - **letak kereta**
Party - **majlis**
Passagier - **penumpang**
passend - **harus**
Paß(nummer) - **(nombor) paspot**
Pause - **rehat**
Pech haben - **malang**
Penis - **butuh**
Perle - **mutiara**
Pfeffer - **lada**
Pferd - **kuda**
Pferderennen - **lumba kuda**
pflanzen - **menaman, tanam**
Pflanzen - **tumbuhan**
Pflicht - **jasa**
Pilot - **juruterbang**
Pilz - **cendawan**
Pirat - **perompak laut**
Plantage - **ladang**
Platz - **letak, tempat**
Polizei - **polis**
Polizeistation - **balai polis**
Polizist - **mata-mata, polis**
Postamt - **pejabat pos**
prächtig - **indah**
Präsident - **yang dipertua**
Preis - **hadiah, harga**
Premierminister - **Perdana Menteri**
Prinz/Prinzessin - **putera**
probieren - **merasa**
Problem - **masalah**
Profit - **untung**
Programm - **acara**
Projekt - **rancangan, projek**
Provinz - **wilayah**
prüfen - **memeriksa, periksa**
Prüfung - **ujian**
Quelle - **mata air**
Quittung - **surat resit**

R

Rad - **roda**
Rang - **taraf**
rasieren - **cukur**
Rast - **rehat**
rasten - **(be) rehat**
Rasthaus - **rumah rehat**
Ratschlag - **nasihat, syor**
Rätsel - **masalah**
Rattan - **rotan**
Ratte - **tikus**
Räuber - **penyamun, perompak**
rauchen - **rokok, me-**
Raum - **bilik**
rechnen - **kira, meng-**
rechts - **kanan**
Regen - **hujan**
Regenzeit - **musim hujan**
Regierung - **kerajaan**
Rehabilitation - **pemulihan**
Rehwild - **rusa**
reich - **kaya**
reif - **masak**
Reifen - **tayar**
Reihe - **nirai, giliran**
Reis kochen - **tanak, ber**
Reis - (gekocht) **nasi**; (im Feld) **padi**
Reise - **perjalanan**
Reisender - **pengembara**
Reisepaß - **paspot**
Reisfeld - **sawah**
Reissuppe - **bubur**

Rektor - **guru besar**
Religion - **agama**
rennen - **lari, ber-**
Rennen - **larian, lumba**
Reparatur - **membaiki**
repräsentieren - **mewakili, wakil**
Reservierung - **tempahan dahuluan**
Reservoir - **kolam**
Restaurant - **restoran**
Richter - **hakim**
richtig - **betul, benar**
Richtung - **tentang, arah**
Rikscha - **beca**
Rind - **lembu**
Rindfleisch - **daging lembu**
Ring (Finger-) - **cincin**
Ritus - **upacara**
Roman - **nobel, novel**
rot - **merah**
Rotwild - **rusa**
rufen - **memanggil, panggil**
ruhig (See) - **tenang**
rund - **bulat**

S

sagen - **kata, ber-**
sägen - **gergaji, meng-**
Salz - **garam**
salzig - **asin**
Samen - **biji, lembaga**
sammeln - **menungut, pungut**
Sammlung - **kutipan**
Samtkappe (Malad.) - **songkok**
Sand - **pasir**
Sandbank - **tebing**
Sandstrand - **pasir**
Sänger/in - **biduan/biduanita**
Satz - **ayat**
sauber - **bersih**
säubern - **membersihkan**
sauer - **asam, masam**
schäbig - **buruk**
Schacht - **lubang**
Schachtel - **kotak, peti**
Schaden haben - **rugi**
Schal - **tudung**
Schalter (Karten-) - **loket**
Scham - **malu**
schämen, sich - **malu**
scharf - (Messer) **tajam;** (Gewürz) **pedas**
Schatten - **tempat teduh**
Schattenspiel - **wayang kulit**
Schattenspieler - **dalang**
Schauspiel - **wayang**
Schauspieler/(in) - **pelakun**
Scheck - **cek**
Scheibe - **keping**
scheiden - **cerai, ber**
scheinbar - **rupanya**
Schere - **gunting**
scheu/Scheu - **malu**
schicken - **hantar, meng-; kirim, mengirim**
Schicksal - **nasib**
schießen - **menembak, tembak**
Schiff - **kapal, perahu**
Schildkröte (Meeres-) - **penyu**
Schirm (Regen-) - **payung**
Schlaf/schlafen - **tidur**
Schlafwagen - **koc tempat tidur**
schlagen - **memukul, pukul**
schlammig - **lumpur**
Schlange - **ular**
schlecht - **jelek, kurang baik**
Schleier (islam.) - **tudung**

schließen - **menutup**
Schloß (Tür-) - **ibukunci**
Schlosser - **tukang kunci**
Schluß - **habis**
Schlüssel - **(anak) kunci**
schmecken - **rasa, me-**
schmerzhaft - **sakit, terasa sakit**
Schmetterling - **kupu-kupu**
Schmied - **tukang besi**
schmutzig - **kotor**
Schnauzbart - **misai**
Schnecken - **siput**
Schnee - **salji**
Schneide - **mata pisau**
schneiden - **gunting, memotong, potong**
Schneider(in) - **tukang jahit; penjahit**
schnell - **cepat, laju, segera**
Schnitzerei - **ukiran**
Schnur - **tali**
Schnürsenkel - **tali kasut**
Schokolade - **coklat**
schon - **sudah, telah**
schön - (Landschaft) **indah;** (Frau) **cantik**
Schönheit - **kecantikan**
Schrank - **almari**
schreiben - **menulis,tulis**
schreien - **jerit, men-**
Schrift - **tulisan**
Schuhe (ausziehen) - **(membuka) kasut**
Schulden - **hutang**
schuldig - **salah**
Schule - **sekolah;** (islam.) **madrasah**
Schule besuchen - **bersekolah**
Schüler(in) - **murid**
Schulter - **bahu**
schwach - **daif, lemah**
Schwalben - **layang-layang**
schwanger (sein) - **bunting**
schwarz - **hitam**
Schwein(efleisch) - **(daging) babi**
Schweiz - **negeri Swis**
Schweizer(isch) - **Swis**
schwer - (Regen) **lebat;** (Gewicht) **berat**
Schwerverletzter - **tercedera parah**
Schwester - (jüngere) **adik;** (ältere) **kakak**
schwierig - **sukar, susah**
Schwimmbad - **kolam renang**
schwimmen - **renang, be-**
See - (der) **tasik;** (die) **dan(a)u**
seekrank - **mabuk ombak**
Seele - **jiwa**
Segel - **layar**
segeln - **layar, be-**
sehen - **lihat, me-**
sehnen, sich - **ingin**
sehr - **amat, sangat**
Seide - **sutera**
Seife - **sabun**
Seil - **tali**
seit - **dari**
seit(dem) - **se(men)jak**
Sekretär(in) - **setiausaha**
Sekundärdschungel - **belukar**
Sekunde - **saat**
selbe(r, s) - **sama**
selbst wenn - **meski (pun), sungguhpun, walau(pun)**
selbst - **sendiri**
selbstverständlich - **memang, tentu**
Sendung - **kiriman**
Service - **perkhidmatan**
servieren - **hidang**

Sex (außerehelicher) - **zinah**
sicher - **aman, tetap**
Sicherheit - **selamat**
sicherlich - **tentulah**
sichtbar - **nampak**
sie (Mz) - **mereka**
Sie (Anrede) - **anda, saudari**
siegen - **menang**
Silber - **perak**
sind - **ialah**
singen - **nyanyi, me-**
Sitte - **adat**
Sitzplatz - **tempat duduk**
so - **begini, begitu**
sobald als - **serta**
sodann - **lalu**
sodaß - **supaya**
sofort - **sekarang, segera**
Sohn - **anak laki-laki**
Sohn der Erde - **bumiputera**
Sojasoße - **kecap**
Soldat - **askar**
sollen - **harus, patut**
Sonder-(-fahrt) - **(sewa) khas**
Sonne - **matahari**
Sonnenaufgang - **matahari naik**
Sonnenuntergang - **mataharimati**
sorgfältig - **cermat**
Sorgfalt - **teliti**
Sorte - **macam, jenis**
Soße - **kuah**
sowie - **serta**
spät - **lambat**
spät nachts - **larut malam**
später - **kemudian, nanti, sebentar**
spätestens - **lewatnya**
spazierengehen - **(ber) jalan**
Spazierstock - **tongkat**
Speer - **lembing**
Speise - **makanan**
Speisekarte - **daftar makanan**
Speisewagen - **koc Restauran**
spezial - **istimewa**
Spiegel - **cermin, mirat**
Spiel - **permainan**
spielen - **main, ber-**
Spitze - **puncak**
Sport - **sukan, olahraga**
Sprache - **bahasa**
sprechen - **(ber) cakap**
Sprecher - **lidah**
springen - **lompat, me-**
Sprößling - **tunas**
sprühen - **sembur, menyemburkan**
Staat - **negara**
Staatsbürger - **warganegara**
Stadt - **bandar, kota**
Stadtverwaltung - **majlis perbandaran**
Stadtzentrum - **pusat bandar**
Stamm - **batang, puak**
Stand (Verkaufs-) - **gerai**
stark - **kuat;** (Wind, Wellen) **kencang**
Start - **mula**
starten - **tolak, ber-**
Station - **balai, setesen**
stattfinden - **berlangsung**
Statue - **patung**
Status - **taraf**
stehen - **berdiri**
stehlen - **curi, men-**
steif - **keras**
steigen (Berg) - **daki, men-**
Stein - **batu**
Stempel - **cap**
sterben - **meninggal, mati**
Stern - **bintang**

Steuer - **cukai**
Stiftung - **yayasan**
stinkend - **busuk**
Stipendium - **biasiswa**
Stock - **rotan**
Stockwerk - **tingkat**
Stoff - **kain**
stolz - **bangga**
Stop - **berhenti**
stoßen - **menolak, tolak**
Strand - **pantai**
Straße - **jalan**
Streichhölzer - **korek api; macis**
Strick - **tali**
Strom (Hauptfluß) - **batang**
Stromschnellen - **jeram**
Stück - **biji**
Student - **pelajar, penuntut**
Stufe - **langkah**
Stuhl - **kerusi**
Stuhl entleeren - **buang air besar**
Stunde - **jam**
suchen - **cari, men-**
Süden - **selatan**
Südosten - **tenggara**
Südwesten - **baratdaya**
Suhle - **kubang**
Summe - **jumlah**
Sumpf - **paya**
Suppe - **sup**
süß - **manis**
Süßes - **gula-gula**
Süßkartoffel - **ubi keledek**
Süßspeise - **kuih**

T

Tag - **hari**
Tagebau - **kalian, kelian**
täglich - **tiap-tiap hari**
Taifun - **taufan**
Tal - **jurang**
Tankstelle - **stesyen minyak**
Tanz - **tari(an)**
tanzen - **menari, tari**
Tapioka - **ubi kayu**
Tasche - **beg, saku**
Taschendieb - **kabit**
Taschentuch - **saputangan**
Tasse - **cawan**
Taube - **merpati**
tauchen - **menyelam, selam**
tauschen (Geld) - **menukar, tukar**
Taxi - **teksi**
Tee - **teh**
Teich - **telaga**
Teich - **dan(a)u**
Teil - **bahagian**
Teilnehmer - **peserta**
Telefon - **telefon**
telefonieren - **menelefon**
Telefonnummer - **nombor telefon**
Telegramm - **telegram**
Teller - **piring; pinggan**
Tempel - (buddh.) **tokong**; (ind.) **kuil**
Temperatur - **suhu**
Terminal - **(per)hentian**
Test - **ujian**
teuer - **mahal**
Theater - **panggung**
Tier - **binatang**
Tierwelt - **haiwan**
Tiger - **harimau**
Tintenfisch - **sotong**
Tisch - **meja**
Tischdecke - **alas meja**
Toastbrot - **roti panggang**

Tochter - **anak perempuan**
Toilette(npapier) - **(tisu) tandas**
Ton - **nada**
Tor (Sport) - **gol**
tot - **mati**
töten - **bunuh**
Tourist - **pelancung**
Tradition - **adat**
tragen (Kleid) - **memakai, pakai**
Trainer - **jurulatih**
trainieren - **latih, me-**
Training - **latihan**
Träne - **air mata**
Transport - **kenderaan**
Trauben - **anggur**
Traum/träumen - **mimpi**
traurig - **sedih**
treffen (einander) - **jumpa, ber-**
trennen, sich - **pisah, ber-**
Treppe - **tangga**
trinken - **minum**
Trishaw - **beca roda**
trocken - **kering**
Trockenzeit - **musim kemaru**
Trophäe - **piala**
trüb - **lumpur**
tu nicht! - **tak usah!, jangan!**
Tuba-Wurzel (Fischgift) - **tuba**
Tür - **pintu**
Turm - **menara**
typisch - **asli**

U
Übergang - **lintasan**
überholen - **memotong, potong**
übermorgen - **lusa**
übernachten - **bermalam**
überqueren - **lintas, me-**
überschwemmen - **banjir, mem-**
Überschwemmung - **banjir**
übersetzen - **menterjemahkan**
überzeugen - **yakin, men-**
Uhr - **jam**
Uhr (Zeit) - **pukul**
Uhrzeiger - **jarum**
um (zeitl.) - **pada**
Umgebung - **sekitar**
umher - **(ber)keliling**
Umweltverschmutzung - **pengotoran**
unabhängig - **merdeka**
Unabhängigkeit - **kemerdekaan**
unaufhörlich - **tidak berhenti-henti**
unbesetzt - **lapang**
und - **dan**
Unfall - **kemalangan**
ungefähr - **agaknya, kira-kira**
ungerecht - **salah**
ungezogen - **jahat, nakal**
unglücklich - **sedih**
Universität - **universiti**
Universum - **alam**
unreif - **muda**
unterhalten, sich - **mempercakapkan**
Unterhaltung - **percakapan**
Unterschrift - **tandatangan**
Unterstützung - **bantuan**
untersuchen - **memeriksa, periksa**
Untersuchung - **pemeriksaan**
unterwegs - **sepanjang jalan**
Ureinwohner - **sakai**
Urgroßmutter/-vater - **nenek**
urinieren - **buang air kecil**
Urlaub - **cuti**
Ursprung - **asal**
ursprünglich - **asli**
Urwald - **rimba**

V

Vater - **bapa**
vegetarisch - **sayur-sayuran**
Ventilator - **kipas**
verantwortlich sein - **bertanggungjawab**
Verantwortung - **tanggungjawab**
verboten (Islam) - **haram**
verbrennen - **bakar, mem-**
verdächtig - **cemburu**
verdorben - **busuk**
Vereinbarung - **janji**
vereinigen - **hubung, meng-**
Vereinigung - **persatuan**
vergangen - **ialu**
vergeblich - **cuma**
vergessen - **lupa**
Vergnügen - **nikmat**
verkaufen - **jual, men-**
Verkäufer - **penjual**
verlängern - **memanjangkan**
verlassen - **pisah, ber-**
Verletzter - **tercedera**
verlieren - **hilang**
Verlobte - **tunangan**
Verlust - **rugi, kehilangan**
vermeiden - **menjauhkan**
Verpflichtung - **tugas**
verringern - **mengurangkan**
verrückt - **gila**
Versammlung - **majlis**
Verschmutzung - **pengotoran**
verschönern - **membercantikan**
verschönern, (sich) - **hias, ber**
verschwinden - **hilang**
Versicherung - **insuran**
verspätet - **lewat**
versprechen - **janji, ber-**
verstecken, sich - **sembunyi, ber-**
versuchen - **coba, cuba**
Vertrag - **janji**
Verzeichnis - **daftar**
Verzeihung - **maaf**
verzögern - **melambatkan**
viel(e, s) - **banyak**
vielleicht - **agaknya, barankali**
Vogel - **burung**
Volk - **bangsa**
voll - **penuh;** (gedrängt) **ramai**
von - **dari;** (Person) **daripada**
vor - (zeitl.) **dulu, dahulu, sebelum;** (örtl.) **di hadapan**
voraus - **dahulu, dulu**
vorbei (zeitl.) - **lalu**
vorbeigehen - **lewat**
vorgestern - **kelmarin dahulu**
vorher (zeitl.) - **yang lalu**
Vorräte - **bekalan**
Vorschlag - **syor**
Vorschrift - **urusan**
Vorsicht - **amaran, awas**
vorsichtig - **hati-hati**
Vorsprung - **tanjung**
Vorsteher - **kepala**
Vulkan - **gunung api**

W

wachen (bewachen) - **jaga, men-**
wachsen - **tumbuh**
Waffe - **senjata**
Wahl - **pilihanraya**
wahr - **sungguh; benar, betul**
wählen - **pilih, mem-**
während - **sambil, sementara**
Waise - **yatim**
Wald(rand) - **(pinggir) hutan**

wann? - **apabila?, bila?**
Ware - **barang**
warm - **panas**
Warnung - **amaran**
warten - **tunggu, men-**
warum? - **kenapa?, mengapa?**
was? - **apa?**
was kostet? - **berapa harga?**
waschen - **cuci, men-**
waschen, sich - **basuh, mem-**
Wasser - **air**
Wasserbüffel - **kerbau**
Wasserfall - **air terjun**
Wassermelone - **semangka**
Wechselgeld - **wang kembali**
wechseln (Geld) - **menukar, tukar**
Weg - **jalan**
weglaufen - **lari, ber-**
weglegen - **bubuh, mem-**
wegstoßen - **menolak, tolak**
weiblich - (Mensch) **perempuan;**
(Tier) **betina**
weich - **lembek, lembut**
weil - **kerana, sebab**
weinen - **menangis, tangis**
Weise, auf diese - **begini, begitu**
weiß - **putih**
weit - **jauh**
weitläufig - **luas**
welcher (Rel.Pron.) -
yang, yang mana
Welle - **ombak**
Welt - **alam**
weniger - **kurang**
wenn - **bila, jika(lau), kalau**
wer?/welcher? - **siapa?**
werden - **hendak, jadi, nak;**
(Zukunft) **akan**
Werft - **pengkalan**
Werkstatt - **bengkel**
Wert - **nilai**
wessen? - **siapapunya?**
West-Malaysia -
Semenanjung Malaysi
Westen - **barat**
Wetter - **cuaca, udara**
Wettrennen - **larian**
wichtig - **mustahak, penting**
wie - **sebagai, seperti**
wie? - **bagaimana?, macam (mana)?**
wie kann das sein? - **masakan?**
wie lange? - **berapa lama?**
wie teuer? - **berapa harga?**
wie üblich - **seperti biasa**
wieder - **pula**
wiedererkennen - **cam, menge-**
wiederholen - **mengulangi**
Wiese - **padang**
wieviel (e)? - **berapa?**
Wildschwein - **babi hutan**
Wille - **mau**
Willkommen (Gruß) - **selamat datang**
Wind - **angin**
wir - **kami, kita**
wirklich - **benar, sungguh**
wissen - **tahu, tau**
Wissen - **ilmu, pengetahuan**
Wissenschaft - **ilmu**
Witwe - **janda**
wo? - **mana?**
Woche - **minggu**
wohin? - **ke mana?**
wohlbekannt - **terkenal**
Wohlfahrt - **kebajikan**
wohlhabend - **hartawan**
wohlschmeckend - **sedap**

wohnen - **tinggal**
Wohnung - **tempat tinggal**
Wolken - **awan**
wollen - **mau**
Wort - **kata, perkataan**
Wörterbuch - **kamus**
Wunde - **luka**
wundertätiger Ort - **k(e)ramat**
Wundöffnung - **mata luka**
Wunsch - **mau**
wünschen - **mau, nak; hendak, ingin**
Wurfnetz - **jala**
Wurzel - **akar**

Z
zahlen - **bayar, mem-, kira**
Zahn - **gigi**
zart - **lembut**
Zauberer - **bomoh**
Zaun - **pagar**
zeichnen - **lukis, me-, menulis, tulis**
Zeichnung - **lukisan**
Zeit - **masa, waktu**
Zeit für - **tempuh**
Zeit haben - **sempat**
Zeitalter - **zaman**
Zeiten (alte Zeiten) - **purbakala**
Zeitpunkt - **ketika**
Zeitschrift - **majalah**
Zeitung - **suratkhabar, warta**
zeitweise - **sementara**
Zentrum - **pusat**
zerbrochen - **hancur**
Zeremonie - **upacara**
Zeuge - **saksi**
Ziege - **kambing**
ziehen - **menarik, tarik**
Ziel - **tiba**
ziemlich - **agak**
Zigarette - **rokok**
Zimmer - **bilik**
Zinn - **timah**
Zitrusfrüchte - **jeruk**
Zoll - **cukai**
Zollerklärung - **ikrar kastam**
Zoo - **taman binatang, zoo**
zu - **ke, kepada, terlampau**
zu sehr - **terlalu**
zu viel - **terlampau**
Zucker - **gula**
Zuckerrohr - **tebu**
zufrieden - **puas, sudi**
Zug - **keretapi, tren**
zunächst - **mula-mula**
Zunge - **lidah, lisan**
zurückgeben, etwas - **membalikan**
zurückgehen/-kommen - **kembali**
zurückkehren - **balik, pulang**
zusammen - **bersama-sama, serta**
zusammenstoßen - **langgar, ber-**
Zuschauer - **penuntun**
zuverlässig - **handal**
zuversichtlich - **yakin**
zuviel - **lampau**
Zweigstelle - **cawang**
Zwiebel - **bawang**
zwischen - **antara**

Malaiisch – Deutsch

A
acara – Ereignis; Programm
ada – haben, es gibt
adat – Sitte, Tradition
adik – jüngere(r) Bruder/Schwester
agak – ziemlich
agaknya – etwa, ungefähr, vielleicht
agama – Religion
air – Wasser
air beku – Eis(würfel)
air terjun – Wasserfall
ajar – lehren
akan – werden (Zukunft)
akhir – Ende
aku – ich
alam – Natur, Welt
alamak – Oh Gott!
alamat – Adresse
alat – Apparat, Ausrüstung
alat ganti – Ersatzteil
aman – friedlich, sicher
amaran – Vorsicht
amat – sehr
ambil, (meng-) – nehmen
ambulan – Ambulanz
ampang – Damm
anak – Kind
(anak) kunci – Schlüssel
anak laki-laki – Junge, Sohn
anak perempuan – Mädchen, Tochter
anda – Sie (Anrede)
angan-angan – Gedanke, Idee
anjing – Hund
antara – zwischen
antarabangsa – international
apa? – was?
apa-apa – irgend etwas
apabila? – wann?
api – Feuer
asam – sauer
asing – fremd
atau – oder
Austria – Österreich
awak – du
awal – Anfang, früh
awam – allgemein, öffentlich
ayat – Satz

B
babi – Schwein
baca, (mem-) – lesen
bagaimana? – wie?
bagan – Anlegestelle
bagus – fein, gut
bahagian – Abteilung, Teil
baharu – neu
baharu-baharu ini – kürzlich
bahasa – Sprache
bahaya – Gefahr
baik – fein, gut
baju – Mantel, Hemd
bakar, (mem-) – verbrennen, anzünden
bakul – Korb
balai – Halle, Station
balik – zurückkehren
bandar – Stadt
bangsa – Volk
bangun – aufstehen
bangunan – Gebäude
banjaran – Gebirgskette
banjir, (mem-) – Überschwemmung, überschwemmen

bantu, (mem-) - helfen
banyak - viel(e, s)
barang - Ware
barang-barang - Gepäck, Güter
barankali - vielleicht
barat - Westen
baru - kürzlich, neu
bas (cepat) - (Expreß-)Bus
basah - naß
basikal - Fahrrad
basuh, (mem-) - sich waschen
batang - Stamm, Strom
batu - Meile(nstein), Stein
bawa, (mem-) - bringen
bayar, (mem-) - (be)zahlen
(be) rehat - (aus)ruhen, rasten
(be) renang - schwimmen
bebas - frei
beberapa - mehrere
beca - Rikscha
beca roda - Trishaw
beg - Beutel, Tasche
begini, begitu - so, auf diese Weise
bekerja - arbeiten
belajar - lernen
belaka - alle zusammen
Belanda - Holländisch
belayar - segeln
beli, (mem-) - kaufen
belok - abbiegen
belum - noch nicht
benang - Faden
benar - wirklich, wahr
benci - hassen
benda - Gegenstand, Objekt
bengkel - Werkstatt
(ber) buru - jagen
(ber) cakap - sprechen
(ber) cium - küssen
(ber) fikir - denken
(ber) gerak - bewegen
(ber) jalan - zu Fuß gehen
(ber) keliling - herum, umher
berani - kühn, mutig
berapa? - wieviel(e)?
berapa harga? - was kostet/wie teuer?
berat - schwer (Gewicht)
berbahaya - gefährlich
berdiri - stehen
berguna - nützlich
berhenti - halten, Stop
beri, (mem-) - geben
berita - Nachrichten
beritahu, (mem-) - (Bescheid)sagen
berjumpa - einander treffen
berkahwin - heiraten
berkawan - sich anfreunden
berlangsung - stattfinden
berlepas - abfahren; Abfahrt
bermain - spielen
bermalam - übernachten
berminat - Interesse haben
bermula - anfangen, beginnen
berpuasa - fasten
bersalah - Fehler machen
bersama-sama - gemeinsam
bersih - sauber
bertolak - abfahren; Abfahrt
bertolong-tolongan - einander helfen
besar - groß
(b)esok - morgen
betina - weiblich (Tier)
betul - richtig, wahr
biasa - gewöhnlich, normal
biduan (ita) - Sänger(in)
biji - Kern, Stück, Samen

bila? - wann?
bilik - Raum, Zimmer
binatang - Tier
bini - Ehefrau
biru - blau
boleh - können
bomoh - Heiler
botol - Flasche
buah - Frucht
buang-buang air - Durchfall haben
buat, (mem-) - herstellen, machen
buaya - Krokodil
bubuh, (mem-) - legen, weglegen
bubur - Reissuppe
buka, (mem-) - öffnen
bukan - kein, nein, nicht
buku - Buch
bulan - Monat, Mond
bulat - rund
buluh - Bambus
bumi - Erde
bumiputera - Sohn der Erde
bunga - Blüte, Blume
bunga anggerik - Orchidee
bunga raya - Hibiscus
bungkus(an) - Päckchen, Paket
bunting - schwanger
bunuh - töten
bunyi - Geräusch, Klang
buru, (ber-) - jagen
buruk - schäbig
burung - Vogel
busuk - stinkend, verdorben
buta - blind

C

cakap, (ber-) - sprechen
cam, (menge-) - (wieder)erkennen
camca - Löffel
campur - gemischt, mischen
cantik - hübsch (Frau)
cap, (menge-) - Marke, Stempel; drucken
cari, (men-) - suchen
cat, (menge-) - Farbe; anstreichen, malen
cawan - Becher
cemburu - eifersüchtig
cendawan - Pilz
cepat - schnell
cerai, (ber-) - geschieden, scheiden
cerita - Erzählung, Geschichte
cincin - Ring
cinta - Liebe
cium(an) - küssen, (Kuß)
coba - versuchen
contoh - Beispiel, Muster
cuaca - Wetter
cuba - versuchen
cuci, (men-) - entwickeln (Film), waschen
cukai - Steuer, Zoll
cukup - genug
cukur - Haar schneiden, rasieren
cuma - nur, vergeblich
curi, (men-) - stehlen
cuti - Ferien, Urlaub

D

dadah - Drogen (illegale)
daerah - Bezirk
daftar - Liste, Verzeichnis
dagang - Fremder
daging - Fleisch
dahulu - (be)vor, voraus
daif - schwach

daki, (men-) - (be)steigen (Berg)
dalang - Schattenspieler
dan - und
dan(a)u - See, Teich
dapat, (men-) - bekommen, erhalten
dapur - Küche
dari - seit, von
daripada - als, von (Pers.)
datang - (an)kommen
Datin - Dame, Lady
dulu - (be)vor, voraus

G
gerak, (ber-) - bewegen
gereja - Kirche
gergaji, (meng-) - sägen
getah - Gummi
gigit, (meng-) - beißen
gila - verrückt
goa - Höhle
gol - Tor (Sport)
goreng, (men-) - braten, gebraten
gua - Höhle
gula - Zucker
gula-gula - Bonbons, Süßes
guna - benutzen
gunung api - Vulkan
gunung - Berg
guru - Lehrer
gurun - Ödland

H
habis - (zu) Ende, fertig
had - Grenze, Limit
hadiah - Geschenk, Preis
hadir - anwesend
haiwan - Fauna, Tierwelt
hakim - Richter
hal ahwal - Angelegenheit(en)
halal - erlaubt (Islam)
halia - Ingwer
halus - dünn, fein
hampir - fast
handal - zuverlässig
hantar, (meng-) - schicken
hantu - Geist (böser)
hanya - bloß, nur
haram - verboten (Islam)
harap - hoffen
harga - Preis
hari - Tag
hari ini - heute
harimau - Tiger
harta - Eigentum
hartawan - wohlhabend
harus - müssen, sollen, passend, richtig
hati - Gefühl, Herz, Leber
hati-hati - vorsichtig
haus - durstig
hendak - werden, wünschen
henti, (ber-) - (an)halten
hidung - Nase
hidup - Leben; leben
hijau - grün
hilang - verlieren, verschwinden
hingga - bis
hitam - schwarz
hubungan cinta - Liebesverhältnis
hujan - Regen
huruf - Buchstabe
hutan - Dschungel, Wald
hutan bakau - Mangrovenwald
hutang - Schulden

I

ia - er/sie
ialah - ist/sind
iatihan - Ausbildung, Training
ibu - Mutter
ibu kunci - (Tür)Schloß
ibubapa - Eltern
ibukota - Hauptstadt
ikan - Fisch
ikrar kastam - Zollerklärung
ikut, (meng-) - folgen
ilmu - Wissen(schaft)
indah - schön (Landschaft)
inflasi - Inflation
ingat - erinnern
Inggeris - Englisch
ingin - sich sehnen, wünschen
ingin tahu - neugierig
insuran - Versicherung
intan - Diamant
isi - Inhalt
istana - Palast
isteri - Ehefrau
itik - Ente
itu - jene(r, s)

J

jabatan - Amt, Behörde
jadi - geschehen, werden
jadual waktu - Fahrplan
jaga, (men-) - aufpassen, wachen
jahat - böse, ungezogen
jahit, (men-) - nähen
jala - (Wurf)Netz
jalan, (ber-) - (spazieren)gehen, Straße, Weg
jalan kaki - zu Fuß gehen
jam - Stunde, Uhr
jambatan - Brücke
jambu batu - Guava
jamu - einladen (Essen)
jangan! - nicht!
janji, (ber-) - versprechen, Vereinbarung, Vertrag
jantan - männlich (Tier)
jatuh - fallen
jauh - weit
jawab, (men-) - antworten
jelek - schlecht, häßlich, schäbig
jemput, (men-) - einladen
jendela - Fenster
jeram - Stromschnellen
jerit, (men-) - schreien
Jerman - Deutsch(land)
jeruk - Zitrusfrüchte
jika(lau) - falls, wenn
jiran - Nachbar
jiwa - Leben, Seele
jual, (men-) - verkaufen
juga - auch
jumlah - Menge, Summe
jumpa, (ber-) - sich treffen
jurang - Tal
jurubahasa - Dolmetscher
jurulatih - Ausbilder, Trainer
jurumasak - Koch
juruterbang - Pilot

K

k(e)linik - Arztpraxis
k(e)ramat - wundertätiger Ort
kabit - Taschendieb
kaca - Fensterglas, Glas
kaca mata - Brille
kacang goreng - Erdnüsse, geröstete
kacang tanah - Erdnüsse

kadang-kadang - gelegentlich
kahwin, (ber-) - heiraten
kain - Stoff
kaki - Bein, Fuß
kalau - falls, wenn
kali - Fluß, Gelegenheit, mal
kamera - Kamera
kami - wir
kampung - Dorf
kamus - Wörterbuch
kanak-kanak - Kinder (allg.)
kanan - rechts
kapal - Schiff
kapal terbang - Flugzeug
karang - Korallenriff
kasih - Liebe
kasut - Schuhe
kata, (ber-) - sagen
kata - Wort
kaum - Gemeinschaft
kawan - Freund
kawasan - Gegend
kaya - reich
kayu - Holz
ke - nach, zu
ke mana? - wohin?
ke sana - dorthin
ke sini - hierhin
kebangsaan - national
kebudayaan - Kultur
kebun - Garten
kecap - Sojasoße
kecil - klein
kecuali - außer
kedai - Geschäft, Laden
kedatangan - Ankunft
kedutaan (Jerman) - (deutsche) Botschaft
kelahiran - Geburt
kelambu - Moskitonetz
kelapa - Kokosnuß
kelas - Klasse
keliling, (ber-) - herum, umher
kelmarin - gestern
kelmarin dahulu - vorgestern
keluar - hinausgehen
keluarga - Familie
kemalangan - Unfall
kembali - zurückgehen, -kommen
kemeja - Hemd
kementerian - Ministerium
kemerdekaan - Unabhängigkeit
kemudian - dann, später
kemuncak - Gipfel
kena - erleiden, müssen
kenal - erkennen
kenapa? - warum?
kencang - stark (Wind, Wellen)
kenderaan - Transport
kepada - nach, zu
kepala - Kopf, Vorsteher
kepala kampung - Dorfvorsteher
kepulauan Melayu - Malaiischer Archipel
kerajaan - Regierung
kerana - weil
kerani - Angestellte(r)
keras - hart, steif
kerbau - Wasserbüffel
kereta - Auto, Maschine
keretapi - Eisenbahn, Zug
kering - trocken
keris - Kris (malai. Dolch)
kerja - Arbeit
kerja, (be-) - arbeiten
kertas - Papier

kerusi - Stuhl
kesihatan - Gesundheit
ketam - Krebs
ketawa - lachen
ketibaan - Ankunft
ketika - Augenblick, Zeitpunkt
ketua - Chef
khabar - Nachricht
khalwat - "unmoral. Beisammensein"
khas - besonders, Sonder-
kilang - Fabrik, Werk
kipas - Ventilator
kira - zählen
kira-kira - Konto
kiri - links
kirim - schicken
kiriman - Fracht, Lieferung
kiriman wang - Geldüberweisung
kita - wir
koc tempat tidur - Schlaf-, Liegewagen
kolam - Becken, Reservoir
kolam renang - Schwimmbad
korek api - Streichholz
kota - Festung, Stadt
kotak - Schachtel
kotor - schmutzig
ku - ich (vertraul.)
kuat - stark
kuda - Pferd
kuil - Tempel (ind.)
kulit - Haut, Leder
kumpulan - Gruppe
kunci - Schlüssel
kuning - gelb
kurang - weniger
kurun - Jahrhundert

L

ladang - Feld, Plantage
lagi - mehr, noch mehr
lahir - geboren (werden)
lain - andere(r, s)
laju - schnell
laki - Gatte
laki bini - Ehepaar
laki laki - männlich, Mann
lalu - nachher, vorbei (zeitl.)
lama - alt (Dinge), lange (zeitl.), früher
lambat - spät
lampau - zuviel
lampu - Lampe
langgar, (ber-) - zusammenstoßen
langsung - direkt
lantai - Fußboden
lapang - leer, offen
lapangan - Feld
lapangan terbang - Flughafen
lapar - hungrig
lari, (ber-) - (weg)laufen, rennen
larian - (Wett)Rennen
larut malam - spät nachts
latih, (me-) - ausbilden, trainieren
laut - Meer
lautan - Ozean
lawat, (me-) - besuchen
layang - emporfliegen
layang-layang - Drachen (Flug)
layar, (be-) - Segel; segeln
lebat - schwer (Regen)
lebih - mehr
lebih baik - besser
lebuhraya - Autobahn
lelah - müde
lemah - schwach

lembaga - Modell, Muster; Embryo, Samen
lembek - weich
lembing - Speer
lembut - weich, zart
lengan - Arm
lepas - entkommen, frei
lereng - Hang
lesen memandu - Führerschein
letak - Lage, Platz
lewat - verspätet, vorbeigehen
lidah, lisan - Zunge, Dolmetscher, Sprecher
lihat, (me-) - beobachten, sehen
limpa - Leber (Organ)
lintas, (me-) - überqueren
lintasan - Übergang
loket - (Karten)Schalter
lombok - Chili
lori - Lastwagen
luas - breit, weitläufig
lubang - Loch, Lücke, Schacht
lucu - lustig
luka - Wunde
lukis, (me-) - malen, zeichnen
lukisan - Gemälde, Zeichnung
lupa - vergessen
lurus - aufrichtig, ehrlich
lusa - übermorgen

M

maaf - Verzeihung
maafkan - sich entschuldigen
mabuk - betrunken
mabuk ombak - seekrank
macam - Sorte, Art
macis - Streichhölzer
madam - Dame
madrasah - Schule (islam.)
mahal - teuer
main, (ber-) - spielen
majalah - Magazin, Zeitschrift
majlis - Versammlung, Party
majlis perbandaran - Stadtverwaltung
maju - erfolgreich
mak - Mutter
makan - essen
makanan - Speise, Gericht
maklumat - Bekanntmachung
malam - Abend, Nacht
malam sekarang - heute abend
malam tadi - gestern abend
malang - Pech haben
malas - faul
malu - sich schämen; Scham, scheu
mana? - wo?
mana-mana - irgendwo
mandi - baden
manis - süß
manusia - Mensch(heit)
marah - sich ärgern
mari(!) - kommen, komm hierher!
masa - Zeit
masa, ada - Zeit haben
masak, (me-) - kochen (Essen)
masakan? - wie kann das sein?
masalah - Problem, Rätsel
masih - noch
masjid - Moschee
masuk - betreten, Einfahrt, -gang
masyarakat - Gesellschaft
mata air - Quelle
matahari - Sonne
mati - aus, tot, sterben
mau - wollen, wünschen
meja - Tisch

memakai - tragen (Kleidung)
memandu - (selbst) fahren
memang - natürlich
memanggil - rufen
memanjangkan - verlängern
membaiki - Reparatur
membalikan - etw. zurückgeben
membersihkan - säubern
memeriksa - prüfen
memilih - wählen
meminjam - borgen
mempercakapkan - sich unterhalten
memukul - schlagen
menaman - pflanzen
menara - Turm
menari - tanzen
menarik (hati) - interessant
menembak - schießen
menengok - anschauen
menerima - empfangen
mengajar - lehren
mengapa? - warum?
mengenal - erkennen
mengikut - begleiten
mengirim - schicken
mengurangkan - verringern
menikmati - sich erfreuen
meninggal - sterben
menolong - helfen
mentega - Butter
menterjemahkan - übersetzen
menukar - wechseln (Geld)
menulis - schreiben
menunggu - warten
menungut - sammeln
menutup - schließen
menyelam - tauchen
menyewa - leihen, mieten
menyoal - fragen
merah - rot
merdeka - unabhängig
mereka - ihnen, sie (Mz)
merpati - Taube
mesin - Maschine
meski (pun) - obwohl
mesti - müssen
mimpi - Traum
minggu - Woche
minit - Minute
minta, (me-) - bitten um
minum - trinken
minuman - Getränk
minyak - Fett, Öl
mirat - Spiegel
miskin - arm
muda - jung, unreif
mudah - einfach (leicht)
mujur - Glück haben
muka - Gesicht
mukim - Gemeinde (islam.)
mula - Anfang, anfangen
mumkin - möglich
murah - billig
murid - Schüler(in)
musim hujan - Regenzeit
musim monsun - Monsun
mustahak - notwendig, wichtig

N

naam - gewiß, ja
nah! - da, nimm es!
naik - ein-, auf-, besteigen
nak - werden, wünschen
nakal - frech
nama - Name
nampak - aussehen, sichtbar

nanti, (me-) - warten
nasi - Reis (gekocht)
negara - Staat
negeri - Land
negeri Austria - Österreich
negeri Swis - Schweiz
nelayan - Fischer
nikmat - Freude
nilai - Wert
nirai - Linie, Reihe
nombor - Nummer
nur - Licht
nyamuk - Moskito
nyamuk tiruk - Anopheles-Mücke
nyanyi, (me-) - singen
nyanyian - Lied

O

olahraga - Leichtatletik, Sport
oleh - durch (mittels)
oleh itu - deshalb
ombak - Welle
orang - Mensch, Leute
orang asing - Ausländer, Fremder

P

pada - um (zeitl.)
padang - Feld, Wiese
padi - Reis (im Feld)
pagi - Morgen, morgens
pagi-pagi - früh morgens
pahit - bitter
pakai - tragen (Kleid)
pakaian - Kleidung
paling - äußerst, am meisten
panas - heiß, warm
pandai - geschickt (klug)
pandu - Führer (Person)
panduan - Führer (Buch)
panggil - rufen
panjang - lang (räuml.)
panjat - klettern (Baum, Leiter)
pantai - Küste, Strand
pantas - aktiv
papan - Brett
parang - Machete
pasar - Markt
pasar borong - Großmarkt(halle)
pasar malam - Nachtmarkt
pasir - Sand(strand)
paspot - Reisepaß
patah - gebrochen
patung - Figur, Statue
patut - angemessen, fair
pawang - Magier
paya - Sumpf
payung - (Regen)Schirm
pedas - scharf gewürzt
pegawai - Beamter
pejabat - Amt, Büro
pekan - Kleinstadt
pekedai - Ladenbesitzer
pekerjaan - Beruf
pelabuhan - Hafen
peladang - Bauer
pelajar - Student
pelancung - Tourist
pemeriksaan - Untersuchung
pemimpin - Führer (Guide)
pendaki gunung - Bergsteiger
pendapat - Meinung
pendapatan - Einkommen
pendek - kurz (räuml.)
penduduk - Einwohner
penerima - Empfänger
pengalaman - Erfahrung, Erlebnis

pengembara - Reisender
pengetahuan - Kenntnis, Wissen
penghulu kampung - Dorfchef
pengkalan - Anlegestelle, Werft
pengurus - Manager
penjara - Gefängnis
penjual - Verkäufer
penting - wichtig
penuh - voll
penumpang - Fahrgast
penuntut - Student
penyakit - Krankheit
penyelidikan - Forschung
penyu - Schildkröte
perahu - Boot, Schiff
perahu tampang - Fähre
perak - Silber
Perancis - französisch
perang - braun, Krieg
perasaan - Gefühl
perayaan - Feier
percakapkan - Gespräch
percaya - glauben
perdagangan - Handel
perempuan - Frau
pergi - fahren, gehen
peristiwa - Ereignis
perjalanan - Reise
perkahwinan - Hochzeit
perkataan - Wort
perkhidmatan - Dienst, Service
perlahan-lahan - langsam
perlu - notwendig (sein)
permainan - Spiel
permulaan - Anfang
perompak laut - Pirat
pertama - erste(r, s)
pertanian - Landwirtschaft
pertanyaan - Auskunft
peta - Landkarte
petang - Nachmittag
petani - Bauer
peti - Kasten
pilih - wählen
pinggir hutan - Waldrand
pintar - klug
pintu - Tür
pisah, (ber-) - sich trennen
pisau - Messer
pohon, pokok - Baum
polis - Polizei, Polizist
pondok - Hütte
potong - schneiden, überholen
puak - Clan, Stamm
Puan - Frau (Anrede)
puas - befriedigt, zufrieden
puasa - fasten
pukul - schlagen, Uhrzeit
pula - denn, auch, wieder
pun - auch
puncak - Gipfel, Spitze
punya - besitzen
purbakala -(alte) Zeiten
putera - Prinz(essin)
putih - weiß

R

racun - Gift (Magen-)
raja - Herrscher
rakit - Floß (Bambus)
rakyat - Bevölkerung, Bürger
ramai - Menschenmenge; voll
rancangan - Projekt
rantau - Küstenstrich
rapat - eng, nah
rasa, (me-) - schmecken; Geschmack

rawatan - Erste Hilfe
rebus, (me-) - kochen, gekocht
rehat - Pause, Rast
renang, (be-) - schwimmen
restoran - Restaurant
rimba - Urwald
ringan - leicht (Gewicht)
ringgit - Dollar
riwayat - Bericht, Story
roda - Rad
rokok, (me-) - Zigarette; rauchen
rosak - beschädigt, kaputt
rotan - Rattan, Stock
roti - Brot
roti panggang - Toastbrot
rugi - Schaden haben
rumah - Haus
rumah api - Leuchtturm
rumah kedai - Ladenhaus
rumah panjang - Langhaus
rumah sakit - Krankenhaus
rumah tumpangan - Gästehaus
rupanya - anscheinend
rusa - Rehwild

S

saat - Sekunde
sabun - Seife
sah, (menge-) - bestätigen; gültig, legal
sahabat - Freund
sais - Chauffeur
sakai - Ureinwohner
sakit - krank, schmerzhaft
saksi - Zeuge
saku - Tasche
salah - falsch, schuldig
salam - Friede
sama - gleich wie, selbe(r, s)
sambil - während
sampah - Abfall
sampai - erreichen; bis
sampan - Boot, Kanu
sana - dort
sangat - sehr
saudara - Bruder, du (Anrede)
saudari - Schwester, Sie (Anrede)
sawah - Reisfeld
saya - ich, mich, mir
sayang - mögen
se(men)jak - seit(dem)
sebab - weil
sebagai - wie
sebentar - gleich (zeitl.), später
seberang - gegenüber
sedap - wohlschmeckend
sedia, (ber-) - sich bereitmachen
sedih - traurig, unglücklich
sedikit - einige, etwas
segala - alle(s), ganz
segar - gesund, fit
segara - Ozean
segera - schnell
sehat - gesund
sehingga - bis (zeitl.)
sejarah - Geschichte (hist.)
sejuk - kalt, kühl
sekali - einmal
sekarang - jetzt, sofort
sekolah - Schule
sekongkol - Gangster
selalu - immer
selam - tauchen
selamat - Sicherheit
selamat datang - Willkommen
selamat jalan - Auf Wiedersehen!; Gute Fahrt/Reise!

selamat tinggal - Auf Wiedersehen
selat - Meerenge
selatan - Süden
sembunyi, (ber-) - sich verstecken
semenanjung - Halbinsel
Semenanjung (Malaysia) - West-Malaysia
sementara - während, zeitweise
sempat - Zeit haben
semua - alle(s)
sen - Cent
senang - bequem, leicht
senarai - Liste
sendiri - allein, selbst
seni - Kunst
seniman - Schauspieler
senimanwati - Schauspielerin
senitasa - dauernd
senjata - Waffe
sentiasa - immer
senyum - lächeln
seorang - jemand
separuh - einige, halb-
seperti biasa - gewöhnlich
seperti - wie
serangga - Insekt
serta - mit, sobald als, zusammen
sesuatu - jede(r, s)
setelah - nachdem
setengah - halb, einige
setesen - Station
setiausaha - Sekretär(in)
sewa - leihen, mieten
sewa khas - Sonderfahrt
siapa? - welcher, wer?
siapapunya? - wessen?
sihat - gesund
siliap - Irrtum
simpan - aufbewahren
singgah - besuchen
siput - Muscheln, Schnecken
soal - fragen
songkok - Samtkappe (Malai.)
stesen bas - Bus-/Bahnhof
stesen keretapi - Bahnhof
suami - Ehemann
sudah - erledigt, schon
sudahlah! - genug!
sudi - zufrieden
suka - mögen
sukan - Sport
sukar - schwierig
sumpitan - Blasrohr
sungai, sungei - Fluß
sungguh - wahr, wirklich
sungutan - Beschwerde
suntikan - Impfung
supaya - so daß
surat - Brief
suratkhabar - Zeitung
susah - schwierig
susu - Milch
Swis - Schweizer(isch)
syariat - Gesetz (islam.)
syor - Empfehlung

T

tadi - gerade eben
tahu - wissen
tajam - scharf (Messer)
tak - nein, nicht
tak berapa - nicht so
tak pernah - niemals
tak usah! - tu nicht!
takut - ängstlich
tali - Schnur, Seil

tali kail - Angelschnur
taman - Garten, Park
taman negara - Nationalpark
tambang - Fahrpreis
tamu - Markt (in Sabah)
tanah - Boden, Erde
tanak, (ber-) - Reis kochen
tanam - pflanzen
tandas - Toilette
tandatangan - Unterschrift
tangan - Hand
tangga - Leiter, Treppe
tangkap - festnehmen
tanjung - Kap
tanpa - ohne
tanya - fragen
taraf - Rang, Status
tari(an) - tanzen, Tanz
tarikh - Datum
tarikh lahir - Geburtsdatum
tasik - (der) See
tau - wissen
taufan - Taifun
tawar - geschmacklos (Essen)
tayar - Reifen
tebal - dick (Dinge)
tebu - Zuckerrohr
telaga - Brunnen, Teich
telah - schon
teluk - Bucht
teman - Freund
tembak - schießen
tempahan dahuluan - Reservierung
tempat - Ort, Platz
tempat duduk - Sitzplatz
tempat kerja - Arbeitsplatz
tempat lahir - Geburtsort
tempat mandi - Bad
tempat tidur - Bett
tempat tinggal - Wohnung
tempuh - Zeit für
tengah - Mitte
tengah-malam - Mitternacht
tengahari - Mittag
tenggara - Südosten
tengok - anschauen
tentang - Richtung
tentera - Armee, Militär
tentulah - gewiß
tepat - genau
terakhir - letzte(r, s)
terang - hell
terbang - fliegen
tercedera - Verletzter
terima - empfangen
terima kasih - danke
terkebelakang - hinterste(r, s)
terkenal - berühmt
terlalu - äußerst, zu sehr
terlampau - zu(viel)
terus - geradeaus, gerade
tetangga - Nachbar
tetapi - aber
tiada - ist nicht
tiap-tiap - jede(r, s)
tiap-tiap hari - täglich
tiba - Ziel
tidak - nicht
tidak berapa (susah) - nicht so (schwierig)
tidur - Schlaf, schlafen
tikar - Matte
tikus - Maus, Ratte
tilam - Matratze
timur - Osten
timurlaut - Nordosten

tinggal - leben, wohnen
tinggi - hoch
tingkap - Fenster
tingkat - Stockwerk
tisu tandas - Toilettenpapier
titip - deponieren
toko - Laden
tokong - Tempel (buddh.)
tolak, (ber-) - abfahren, starten
tolong(!) - helfen, Hilfe!
topi - Hut
tua - alt (Person)
tuak - Palmwein
Tuan - Herr (Anrede)
tuba - Tuba-Wurzel
tubuh - (ganzer) Körper
tugas - Aufgabe
Tuhan - Gott
tukang - Handwerker
tukang jahit - Schneider
tukang kebun - Gärtner
tukang kunci - Schlosser
tukang masak - Koch
tukar - tauschen (Geld)
tulang - Knochen
tulis - schreiben, zeichnen
tulisan - Schrift
tumbuh - wachsen
tumbuhan - Pflanzen
tunas - Sprößling
tunggu - warten
turun - absteigen, fallen
tutup - geschlossen

U

ubat - Medizin
ubi - Jamswurzel
ubi kayu - Tapioka
ubi keledek - Süßkartoffel
udang - Krabbe
ular - Schlange
umur - Alter
undang-undang - Gesetz
untuk - für
upacara - Zeremonie, Ritus
urus - organisieren
urusan - Vorschrift
usaha - Bemühung, Fleiß
utama - hervorragend
utara - Norden

W

wajar - natürlich
waktu - Zeit
walau(pun) - obwohl
wang - Geld
wang tunai - Bargeld
warna - Farbe
warta - Zeitung
wartawan - Journalist
wayang kulit - Schattenspiel
wilayah - Distrikt, Provinz
Wilayah Persekutuan - Federal Territory (KL)
wisma - (großes) Haus

Y

ya - ja
yakin, (men-) - überzeugen, zuversichtlich
yang - der, die (Rel. Pron.)
yang dipertua - Präsident
Yang di-Pertuan Agung - König
yang lalu - vorher (zeitl.)
yang sulung - älteste(r)
yatim - Waise

Der Autor

Martin Lutterjohann, Jahrgang 1943, von Beruf Psychologe, ist seit langem in der Suchtarbeit tätig. Er ist Autor von einem Dutzend Bücher und verbrachte die Jahre 1987 und 1988 als Leiter eines kleinen Lehrinstituts für die Ausbildung von Suchttherapeuten in Ipoh, das aus halbem Weg zwischen Penang und Kuala Lumpur liegt. Intensiver als Reisende, die nur ein paar Wochen im Land bleiben, hat er das Alltagsleben der Malaysier erfahren und erlebt und auch ihre Feste mitgefeiert.

Zwischen Langkawi im Nordwesten und Desaru im Südosten, auf Penang und entlang der Ostküste hat er Tage mit Baden und Schnorcheln verbracht. Er bestieg Dschungelberge, besuchte mit Mitgliedern der "Malayan Nature Society" Höhlen, Wasserfälle (die zum Picknicken bei allen Malaysiern beliebt sind), Vogelschutzgebiete im Mangrovenwald, kletterte mit Freunden des Malaysischen Bergsteigervereins an den Felsen der Halbinsel und natürlich am großen Kinabalu in Sabah herum und wanderte mit den Penan ein Stück Weg gemeinsam durch Sarawak.

Malaysia ist nur eines der über 50 Länder, die der Autor bereist hat, aber in keinem lebte er so lange an einem Stück.